男人愛扣分 女人愛加分？

戀愛是場至死方休的RPG!!

領銜主演　阿宅 花猴

阿宅[徐哈克] 著

蘇花猴,**三貓**,**樓下管理員**,**岳父**,**岳母**　**真情推薦**

知名部落客　家裡的三隻貓　阿福伯　花猴爸　花猴媽

「喵的！你這個死阿宅！憑什麼？！
你憑什麼娶到像花猴這樣的正妹啊？！
比你條件好的男人少說也有千千萬個，
什麼時候輪到你啦？！」

真愛啦！
（被眾人踢飛）

公主要的不是王子
是幸福快樂的日子

我是這樣一步一步變成「戀家宅」的！

⬇紅西裝那張人比花嬌照，可是我娃兒時期的得意之作呢（撥頭髮）

⬅越看越覺得花猴跟我小時候好像有點夫妻臉耶～哈！雖然她看起來像是在模仿豬哥亮啦 XD

⬆這些大頭貼跟拍立得，正是我一步步被花猴宅化的證明哪 ~~

⬆俗話說得好「小時候瘦不是瘦」……跟花猴交往前，我的肚子還是平的呢！

⬆這應該就是所謂的「人不癡狂枉少年」吧！

⬇當年的夜店咖一定要留「麥當勞頭」啦！

交往初期，兩個人很公平的一起逐漸變胖中……

不過胖歸胖，感覺還是很甜蜜的啦！

原來幸福，真的會讓人發福呢 ^^

「我寶貝女兒後半輩子的幸福就由你來接手囉！」（是說花老母跟阿宅怎麼好像有母子臉啊！）

不胖！怎麼會胖呢 !!
妳可是我最甜蜜的負擔耶（手抖……）

婚宴上自然少不了我家花猴最愛吃的……薑絲大腸 !!

就這樣，我們結婚了！

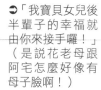

這個應該是……森林中的精靈的意思吧！

仙女的婚紗照，夢幻是一定要的啦！

我太太最愛的
一張婚紗照 ^^

新娘很唯美，新郎
咧……不重要啦 !!

➊ 我越來越宅……她越來越瘦……

➊ 這樣的餵法……你們說！我怎麼可能不胖啊啊啊 !!!

➊ 無論幾歲，只要到了迪士尼樂園，好像每個人都會變回幼稚園大班的小朋友。

➊ 把我餵胖跟宅化的同時，我太太卻很不講義氣的持續仙女化中。

關於「宅猴戀」是怎麼開始的？（花猴版本）

老實說，我和大家差不多，在阿宅的書還沒有印刷成冊之前，我是沒有看過初稿的。**（（我也不知道阿宅在耍什麼神秘，就是不給我看……））**

所以，當編輯看過阿宅的文章，在和我聊天的時候聽到從我口中說出來的交往過程時，臉上立刻閃過一抹「賊笑」說：「花猴呀！妳可以也寫一篇文章嗎？告訴大家你們的交往經過。」

當時我聽到還一頭霧水，想說該說的阿宅不是都說過了嗎？這時編輯才告訴我：「不是喔！阿宅說的和妳說的，不太一樣耶！」

我頓時冒了一股冷汗，就算是夫妻、戀人，兩個人難免都保有一些小祕密，我這樣寫出來，真……真的好嗎？

但為了讀者福利，我還是硬著頭皮寫好了！

阿宅呀！你很衰，娶到一個老婆專門出賣你！XD

故事是這樣開始的，我和阿宅一開始是在同一間公司上班，因為不同部門的關係，平時是沒有什麼交集的。但因為我和我一位要好的女同事經常去茶水間打屁偷懶，然後阿宅也是，不知不覺我們就越來越

熟，直到我轉了部門，和女同事也沒那麼常聊天，茶水間就變成了我和阿宅兩個人聊天的小基地。

不知道為什麼，阿宅給我感覺是個很值得信賴的朋友，他話很多，但很有分寸，也總是可以把事情分析得頭頭是道。

時間久了，我什麼都對他講，從公司大小八卦到我跟男友（**是的，我當時已經有男友了！**）最私密的交往情況，他可以說是瞭若指掌！（（**媽呀！如果當時我知道自己會嫁給這個男人，就不會那麼老實的什麼都說了！……**））

當時，我真的只是把他當成「很好聊」的一個朋友罷了！

幾年過後，我們都離開了那間公司各奔東西，兩個人之間留下的聯絡方式只有MSN，當時我們各自身邊都有伴，所以其實也不常聯繫對方。

直到某天，我也忘了是怎麼開始的？總之我們在MSN上遇到，他告訴我他跟女友分手了，而當時我身邊剛好有個缺男伴的好友，當時靈機一動，想說把他們湊成一對也不錯呀！（（**所以，我一開始就是想把他推銷給我的好姐妹啊，對他完全沒有任何「邪念」吻！**））

於是，就這麼帶著我當時的男友與好友和阿宅見面了。（（**所以，多年後的第一次見面一點也不浪漫，我算是阿宅的「媒人婆」吧？XD**））。

嗯~~後來的事情我應該不用多說了，阿宅和我的好友之間當然沒有下文，大概是兩個人都看不對眼吧？不過因為開始有了聯繫，我們偶爾會像朋友般那樣聊天打屁。

我得說實話，一開始，我真的沒有想過會和這個男人談戀愛、甚至走上禮堂！

你們說，人生是不是永遠都不在你預料之中?!

雖然，我從來沒有為我的另一半預設立場，什麼三高：學歷高、身材高、收入高，這些我想都沒想過，反正我這個人很簡單，談戀愛嘛！只要感覺對了就對了呀！幹嘛搞那麼複雜？我自己又不是沒能力不會賺錢，愛情這回事，不就是講求感覺嗎？

但人家當時就真的沒什麼感覺嘛！

這個像大嬸一樣愛碎碎唸的男人，對我來說就像是我老母的男版啊！

咦！我怎麼忘了我有戀母情結?!糟糕了！

當我失戀、當我傷心、當我遇到挫折時，這個像大嬸一樣的男人都在我身邊默默……喔，不對！他怎麼可能**默默**?!他可是愛碎唸的大嬸耶！他總是用他那講不完的大道理，來安慰我。當我開心、快樂，他總是一臉比我還幸福的模樣。

久而久之，我發現我身邊已經不能沒有這個多話的男人了！

我習慣每天一早就見到這個人、習慣每天下班有這個人帶我去吃飯、習慣假日有個超級大路癡找不到路還硬要帶我出去踏青！（**編輯：沒想到，貌似忠厚的阿宅心機還真重阿！**XD）

就這樣，日子一天天過去，這個愛碎唸的大嬸不知不覺中已經成為我生命中的一部分了，**漸漸走到我心裡，再也無法趕他出去了！**（**男編輯：原來如此！原來如此！低頭猛抄筆記中……**）

其實，我們的故事很簡單，一點也不浪漫！用一句話來解釋我們的愛情就是「日久生情」，但一個男人可以這樣經得起時間的考驗，我也算是選對人了啦！

就這樣，別想我再爆料啦，讓阿宅在你們面前保有一點隱私吧。XD

〈作者序〉

當習慣扣分的男人，遇見愛慢慢加分的女人。

想想從小到大也談過不少段戀愛，但卻直到遇見後來成為我太太的這隻小猴子，才讓我頭一遭真正懂得什麼叫做「追女生」。

說也奇怪，在她之前的那些戀愛，幾乎都是兩個人看對了眼，然後出去約個兩次會就在一起了，不過卻也總是來得快、去得也快，沒幾個月又莫名其妙的分手了。後來想想，或許這也跟自己年輕不懂愛有很大的關係吧？

反而漸漸的，我瞭解到「**想要什麼樣的對象，就要先讓自己變成那樣的人**」，也明白愛情，其實是需要兩個人一起努力經營的。然後就在這時候，我遇見了花猴，為了能成功「攻略」她，我更是幾乎做足了從前那些我認為「追女生，幹嘛非得這樣搞啊?!」的追求功夫。

現在再回想起來，其實一開始，我們兩個對於「如何愛人」的原則根本就是天差地遠的兩個極端！面對戀愛的對象，花猴總是會先從不及格的分數開始，然後再慢慢看表現來決定要不要加分？等到了一個她覺得OK的分數

後，才會決定試著交往看看。

而我則恰好跟她相反！只要看對眼、感覺對了，基本分數就一律從八十甚至是一百分起跳，等過了熱戀期、激情逐漸褪去後，才會開始認真的檢視並針對不適合自己的地方，默默在心裡進行扣分的動作。

雖然這種「**扣分法**」的愛人方式確實比較容易造成最後期望落空、甚至受傷的結果，但是說真的，男人嘛！就算多跌個幾次跤、多傷個幾次又如何呢？反正站起來把泥沙給撥一撥、傷口抹一抹，不又是好漢一條啦！相對於女生而言，男生傷的、損失的，真的不算什麼，也沒什麼好計較的嘛！

倒是女生，我覺得像花猴一樣用「**加分法**」去愛人，其實也不失是一種保護自己的好方法。畢竟在這個父權體制下，女生依舊還是受到許多不平等的對待，所以就像這本書裡不斷談到的一個觀念：「**別聽男人怎麼說，要看男人怎麼做。**」慢慢看、慢慢觀察，再慢慢評估眼前這個男人，是否值得交往、是否值得妳託付終生，這樣的做法，應該會是個比較保險跟安全的選擇吧！

還記得曾經有朋友對我說，我這個雙魚座的男人，骨子裡根本就是個雞婆的大嬸吧！那麼……好吧，大嬸就大嬸吧！反正無論如何，我真的很高興能有這個機會和大家分享我跟花猴的故事，以及我關於愛情的一些觀念與看法，如果裡頭還能有一些觀點，讓各位獲得些許啟發或正面力量的話，我相信這絕對就是令我感到最開心的事了！最後也希望這本書，能讓每個正在追求愛情的朋友，都越來越靠近你們想要的幸福。

我太太說，她最喜歡胖嘟嘟的熊貓了……

目錄 Contents

〈作者序〉當習慣扣分的男人，遇見愛慢慢加分的女人。
關於「宅猴戀」是怎麼開始的？（花猴版本）

I．寫在 故事開始之前。

01 如果，花猴不是這麼正。 018
02 如果，阿宅只是個笨阿宅。 023
03 戀愛，是場至死方休的 RPG！ 027

II．相遇前的各自修煉

04 阿宅的前女友1號：Miss 愛是毫無保留的信任 032
05 阿宅的前女友2號：Miss 令人心疼的小可憐 036
06 阿宅的前女友3號：Miss 女版的我自己 040
07 花猴的前男友1號：Mr. 說得比做得多 044
08 花猴的前男友2號：Mr. 不定時炸彈 047
09 花猴的前男友3號：Mr. 未來的責任感 050

➲ 我們家最漂亮，也最溫柔賢淑的蛋糕馬麻。

➲ 就算結婚了，每逢生日或過年過節，該送的禮物還是不能少哦！

10 愛的攻防戰首部曲：Timing is everything！ 053

11 愛的攻防戰二部曲：青蛙可以變王子，公主也可能變褓姆。 057

12 愛的攻防戰三部曲：談錢傷感情，但沒錢怎麼談感情？ 060

13 女人要的都是：從小生長在孤兒院的金城武?! 064

14 請問，哪裡買得到「戀愛 step by step」或是「戀愛全攻略」？ 068

III．相戀時的彼此覺醒

15 我們其實不是遇到彼此，而是努力成為現在的彼此。 074

16 阿宅花猴的情字這條路（上）：一點都不浪漫的邂逅。 077

17 阿宅花猴的情字這條路（中）：實實在在，才是阿宅的浪漫！ 081

18 阿宅花猴的情字這條路（下）：阿宅的「真心三合一攻勢」！ 085

19 為什麼正妹應該愛宅男？ 089

20 阿宅定律1：正妹無敵，正妹吃什麼、做什麼，都是可愛的！ 092

21 阿宅定律2：正妹的要求，都是剛好。正妹住再遠，都有順路！ 095

22 阿宅定律3：東西可以亂吃，承諾不能亂給。 097

23 阿宅定律4：時間，是人擠出來的。 100

24 阿宅定律5：愛她，就別怕寵壞她！ 103

這張則是一整個超有混血兒Fu～

25 愛人，還是被愛好？ 107
26 戀愛讓你更認識自己，也讓幸福認識你。 111
27 「捨得」「捨」、「得」。愛情，其實就是一連串的捨與得。 116
28 值得、不值得？在愛情這面鏡子裡，你看見了什麼？ 121
29 情人間的同理心：你不喜歡別人怎麼對你，就別那麼對他。 125
30 戀愛麥計較之：男人，愛計較。 129
31 戀愛麥計較之：女人，愛計較。 132
32 戀愛麥計較之：阿宅花猴，愛計較！ 136
33 每個女人心中都住了一個幼稚園大班的女生，尤其是正妹！ 140
34 每個男人心中都住了一個永遠長不大的男孩，無論他幾歲！ 144

IV．相處後的互相學習

35 只有更好，沒有最好。 150
36 男女大不同之 花猴金句錄1：別聽男人怎麼說，要看男人怎麼做。 154
37 男女大不同之同之 花猴金句錄2：如果沒有我，你要怎麼辦？ 158
38 男女大不同之同之 花猴金句錄3：我什麼都會，還要你幹麻?! 163
39 好的愛情，能讓你成為一個越來越好的男人／女人。 168

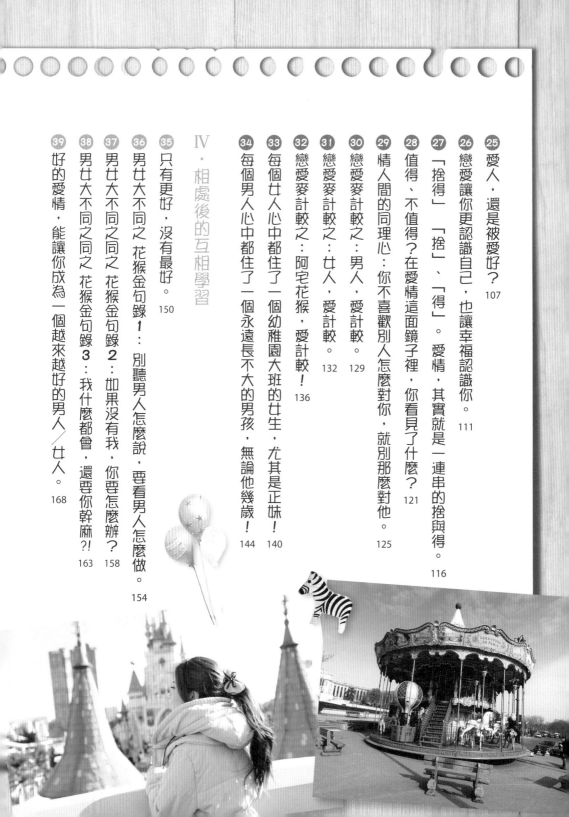

40 單向溝通的愛情，就像一場孤獨的旅行。172
41 關於尊重：阿宅的反省文。176
42 關於尊重：花猴的反省文。179
43 婚姻中的你的、我的、我們的。181
44 婚姻的真實與想像。184
45 情人之間，耐煩是種美德，不耐煩則是種要不得。188
46 角色與信念，是婚姻成功的關鍵。192
47 戀愛，可不可以沒有期限？197
48 黑咖啡與白豆漿。201
49 愛情，理應是你最安心的所在。206

V．待續，我們的故事

50 謝謝妳的三心二意，謝謝妳讓我這樣疼妳。212
51 花猴看阿宅和他們的婚姻。217
52 妳不笨，妳是最幸福的蘇花猴。（續篇）220

Chapter I

寫在　故事開始之前。

01 如果，花猴不是這麼正。

關於這個問題，我想應該可以排進「**當知道我跟花猴是夫妻**」時，最**不友善問題排行榜的前三名**！

我最常被**無知路人**（？）……好啦！即使是相當熟識的朋友，也會不時拿出來問我行了吧?!而基本上，這些問題大概不外乎就是下面這幾個重點：

1.「**花猴這麼正，她當初怎麼會看上你啊？**」

2.「**你老實說，你到底是下了什麼符咒，才能把像花猴這麼正的女生給騙到手?!**」

3.「**如果花猴不是這麼正，你當年還會那樣二十四孝的追她嗎？**」

關於排名第一跟第二的問題，我姑且只能說，她既沒瞎，而我也不像周星星一樣懂催眠術或特異功能，只不過由於說來話實在很長，所以就請容我在後面的文章中，再慢慢來跟大家分享好了。

至於這篇文章，我則單純針對編號第三的這個問題：「如果，花猴不是這麼正……」來談談我深埋在心底十數載、並且從未對外人說起的**心聲血淚**吧！

坦白說，阿宅我不但身高、學歷沒人高！比帥、比有錢也比不過別人，唯一贏得過那些得天獨厚的・高・富・帥・花・美・男・的，大概就只有我那可愛的**小肚肚上面那層脂肪，跟小胖胖的逗趣身材吧！（咦）……**

每次被問到這類問題時，我都好想學學我們英明偉大的政治人物一樣，瀟灑的回一句：「很抱歉，我不回答假設性的問題哦~！」

但問題是，我又不是政治人物，所以我也只能強裝鎮定，並且堅定的回說：「會！」

「你確定？」

「確定！」

「真的？」

「真的！」

「那你敢不敢發誓？」

「ㄜ……發誓?!呃……這個……基本上像這樣的問題，它裡頭其實是有很多層次的，不是像你們想的那麼簡單……」

好啦好啦！不要再砲我了啦！我知道你們已經開始嗤之以鼻、覺得我根本就是不敢坦承面對這個問題，對吧?!

好！既然如此，那麼我今天乾脆就老實說啦，答案是：

「**不會！**」

如果花猴不是這麼正，當初別說是一眼就熊熊被她給電到了，甚至很可能根本就不會意識到有她的存在！更別說後來那段可歌可泣、感人肺腑的**新二十四孝**有機會上演了！搞不好到現在，我跟她還是・完全・沒有・任何交集・的・陌生人・呢！

沒錯！我並不否認，當初第一眼完全就是被她的外型給吸引的！雖然我知道很多女性同胞看到這裡一定會很不屑的說：「我就知道你們這些臭男人啊，各個都是外貿協會的啦！」

然後咧？就算大多數的男人的確都是視覺性動物，但女人又何嘗不是呢？

無論是男人或女人，是為悅己者容，或是己悅者容，把自己給打扮得讓人看起來很舒服、很賞心悅目，不都是一種很正面也很積極的態度嗎？而會想要欣賞、多看兩眼、去接近，甚至主動認識自己眼中看起來很帥、很美的對象，這也不過只是出於與生俱來的天性，並不是什麼可恥的事嘛！

不過如果我們把問題稍微修改一下：

「如果花猴『**只**』是這麼正，那你還會不會？……」

我也可以很乾脆的回答你們：

「**不會！**」

就因為很正，所以對她會有比較好的第一印象，甚至想去親近、認識她。但是認識了之後呢？如果相處了一段時間之後，發現除了「**正**」之外，在她身上根本看不見其他優點，甚至還很輕易的就能看見其他無數令人難以忍受的缺點呢？

不是這麼正，或許我們就不會注意到她的存在。

但如果只是這麼正，或許我們更難以接受她在我們的生命中繼續存在。

所以話說回來，其實我還蠻慶幸自己夠Lucky的！雖然花猴很正，但她卻不會驕傲的去以貌取人、目空一切；雖然她偶爾會對我耍耍小任性，但卻不會自命為公主或是女王、對我頤指氣使；雖然她總是少根筋、一副傻呼呼的模樣，但我卻知道她其實很清楚自己在做什麼；雖然她老愛嚷嚷著：「我好懶！我好想當個每天只要負責喝下午茶的貴婦就好了啦！～」但是下一秒，我卻又看見她默默的轉過頭去，繼續對著電腦乖乖的工作。

重點是，她很善良！重點是，跟她在一起我很快樂！重點是，跟她在一起我覺得自己變得越來越好了！

要煞到一個人，可能只是一眼瞬間，只要對方看起來夠正，很容易就賓果了！

但要愛到對的人，卻得在這段關係裡，看見越來越好的彼此，才能一直愛下去。

雖然每個人生來就是不平等的，高矮胖瘦、美醜優劣、是王子公主還是平民百姓？這一切基本上都不是我們所能決定的，但是我們卻可以選擇，是要擁抱正面積極的態度讓自己變得更好、還是抱持著負面消極的態度終日怨天尤人？

就算你跟現在的阿宅一樣，只是個其貌不揚的**胖小子**或是**小胖妹**，但是只要你願意相信自己，一步一步慢慢的去認識並好好經營自己，那麼我相信總有一天，你的生命裡一定會出現一位能真正看見你最「**正**」的那一面的真命正妹或帥哥哦！

02 如果，阿宅只是個笨阿宅。

上一篇文章一開頭就說過，打從我跟花猴一路交往以來，一直到結婚後，我就常常被身邊的好奇寶寶們一直拿這個問題來拷問我：

（表面委婉）：「阿宅，你上輩子到底是燒了什麼好香，才能娶到像花猴這樣的美女啊？」

（內心毒辣）：「喵的！你這個死阿宅！憑什麼?!你到底是憑什麼能娶到像花猴這樣的正妹啊?!比你條件好的男人少說也有千千萬個，什麼時候輪到你啦?!」

而通常這時候，我也只能假自信兼自以為幽默的這樣回答這些三姑六婆們（誤）：

「很簡單囉，你們應該都有聽過郎才女貌這句話吧？啾咪～」

「郎才女貌?!我還豺狼虎豹咧！……『**真愛啦**』！**我看這應該就是所謂的真愛吧**！哈哈哈～」

★@㊣☆！好啦，雖說我真的不是很想回答這種近似「**你今天內褲穿什麼顏色？**」這類白癡問題，然後又自以為是的下結論：

「**該不會是紅色的吧？我就知道！你這個娘砲！哈哈哈～**」

不過我發現，如果再繼續隱忍下去，我應該遲早會便秘（？）的。所以，今天我決定要勇敢的把答案給說出來。

其實很簡單，就是一句話：「因為我不笨！雖然我的確宅了點。」

這話怎麼說呢？好！就拿很久很久以前的某一天，花猴突然對我說的一段話來做為佐證吧。

猴：「我老公，我發現有好多人都很想知道我們的相處之道耶～你寫一下嘛！」

宅：「我們的相處之道？這……又沒什麼特別的，要怎麼寫啊？」

猴：「不會啊，我覺得關於愛情，你有很多想法都很正確耶！」

是不是是不是！～大家發現了沒？上頭那段話裡，其實有一個很重要的Keyword：**想法**！

是的！所以我說全天下的阿宅們，拜託請別再說什麼「**有錢帥10倍**」、「**車馬砲理論**」、「**正妹眼裡只看得見高富帥**」……之類**自我價值感低落**的論調了！

難道你們真的以為，只要是正妹，就一定是沒大腦、沒想法、沒內涵、膚淺，然後通通都有公主病嗎?!

基本上，我覺得大家應該要先有一個觀念，那就是：正妹•不是•我們的•敵人！她們•更不是•外星人！

在正妹這個族群裡，當然有公主、也會有阿信；有笨的、也有聰明的；有眼裡只看得見錢的、也有一心只想邂逅真愛的。

而且話說回來，難道你們真的不知道，就算只是個**普妹**而已，也是有可能是公主病的重度患者！有些甚至還晉級到太后病嗎？

當你先建立起這樣的觀念之後，我想或許你就能明白：**正妹，其實真的可以是我們的朋友**。

沒錯！正是朋友！我想絕大多數的戀情，應該都是從朋友關係開始發展起來的，所以，乖乖的別急，就算最後你們真的只能是**好朋友**，但至少你也能經由她去更瞭解到正妹到底都是怎麼想的？而且如果你真心想要經營一段認真的感情的話，那麼拜託，就請千萬別再去聽信什麼「**有錢帥10倍**」之類的扭曲講法了！好嗎？

我常常跟人家說，其實一直到現在，有時候我一覺醒來看著正躺在身邊的花猴，腦中偶爾還是會閃過一股覺得自己是不是還在做夢的不真實感？「這個・正妹・真的・變成・我老婆・了・耶！」

我知道自己真的很幸運，剛好遇見了一個**沒有公主病**……呃，好吧，算是症狀相對輕微、只是**身體裡住了個幼稚園大班女生**的美女可以嗎？

而且更幸運的是，在我遇見她的時候，她就已經是一個很清楚知道自己要的幸福應該是什麼模樣的女人了。

最重要的是，雖然我宅了點，但還不至於笨到看不見她真正想要的是什麼？雖然我宅了點，但還不至於笨到認為愛情能夠不勞而獲！雖然我宅了點，但還不至於笨到不願意付出真心和時間，去讓她放心相信我的信念：

「我相信會有一輩子不變的愛情，我更相信我會讓妳一輩子都幸福。」

03 戀愛，是場至死方休的ＲＰＧ！

也不知道為什麼，打從學生時代開始，我就老是被身邊一票男女同學奉為「**愛情小老師**」。我常在想，為什麼別人都是傳道授業解惑的**數學小老師**或是**英文小老師**，而我卻偏偏成為專門在幫同學朋友解答愛情疑難雜症的人呢？

後來我發現，這一方面或許跟我身為雙魚座、天生多愁善感又好管閒事的大嬸個性（**咦**）有關吧。

另一方面，大概是因為從以前到現在，我實在是聽過太多身邊親朋好友們各式各樣的感情問題，於是漸漸的，融合了旁人跟自己的經歷之後，我悟出了一個小小的心得與結論，那就是：

談戀愛這檔事，怎麼會這麼像在打ＲＰＧ啊？？！！

或許有一些不玩遊戲的朋友，尤其是姐妹同胞們，可能根本搞不懂什麼是「ＲＰＧ」吧？其實ＲＰＧ就是「Role Playing Game」的縮寫，翻譯成中文就是「**角色扮演遊戲**」。

而打（**玩**）的方式，簡單來說就是不斷的打怪、練功、賺經驗值跟賺錢，然後就可以升級變強，買更好更強的裝備，再去挑戰更強的怪、賺更多的經驗值升級，然後再賺更多的錢、買更好的裝備……如此周而復始，等到最後夠強大時，便可以去挑戰最強的**大魔王**，然後破關、結束遊戲。

看到這裡或許你會說：「這跟談戀愛有什麼關係？」

當然有！你不覺得這整個過程都跟談戀愛很像嗎？比方說許多宅宅們時常掛在嘴邊的那句話「**越級打怪**」，這不但在遊戲中是件危險的事，在現實世界裡又何嘗不是呢？在自己的等級（**條件**）還不足的時候，便貿然去挑戰（**追求**）一個實力（**條件**）遠勝自己的怪（**對象**），你們說這不是自尋死路是什麼?!

而且話又說回來了，你們難道不覺得：

談戀愛，不僅是種學習，同時也是認識自己跟持續成長的修行嗎？

我想大家應該都有這樣的經驗吧？剛開始談戀愛的時候，其實根本搞不懂自己要的究竟是什麼？或者究竟什麼樣的對象才是真正最適合自己的？一開始，很可能只是單純的覺得他／她長得很好看、他／她好有才華，或是他／她穿衣服好有品味……之類的原因就被吸引了！然後便一頭栽了進去！

但就在一起走了一段時間後才漸漸發現：怎麼他／她的個性這麼差勁?!怎麼他／她的缺點恰好通通都踩到我的地雷?!怎麼這個人好像根本就不適合我嘛！

然而，就在經歷過這一連串周而復始的戀愛冒險後，我們似乎也漸漸發現到，隨著自己的經驗值越積越多、等級越升越高之後，我們好像也越來越了解自己、並且越來越清楚的知道：**什麼樣的怪（他／她），才是我們在這個遊戲（人生）中，應該矢志一定要成功推倒（征服）的終極夢幻神獸（完美理想對象）！**

所以，從以前到現在，每每只要聽完朋友們的愛情問題，我幾乎總會這麼勸他們：

「其實在尚未走到婚姻那一步之前，你都應該試著多看看、多比較！」有時候，如果我們換個角度回頭去看看過往那些**不成功**的戀情，我們會發現其實每段戀愛過程，或多或少都會令我們有所成長：或許是幫助我們從中看見了自己的某些缺點、或許是發現這一類對象往後如果再遇見應該能閃多遠就閃多遠、**最好是這輩子都別再交手的魔獸！**

如果我們用一種比較積極、正面跟長遠的態度來看待戀愛的話，那麼其實參考一下打RPG的精神，對你或許會很有幫助。

在RPG的遊戲世界中，如果你總是懷憂喪志於某幾場沒能打贏的戰役、又一直執著要去挑戰某個現階段怎麼打都打不贏的怪，那麼試問這場遊戲要怎麼打下去呢?!

所以重點應該是：

要從每場失敗的戰役中，去認清自己的缺點、看見自己的不足之處。

然後再根據這些，去一步步充實自己的實力、一點點補強自己的裝備。待有朝一日我們變得夠好夠強大時，就能擁有足夠的資格與把握，去挑戰真正適合我們的對象。

記得之前，一位男性友人打電話來問了我一大串感情問題，當時在一旁默默偷聽（誤）的花猴，隔了很久之後，突然很不耐煩的丟出一句：

「笨阿宅！你跟他說啦，想遇見什麼樣的人，他自己就必須先變成那樣的人才行啊！」

真是一針見血啊！就像我一直告訴那位朋友的：「其實我真的沒辦法給你什麼具體的方法、技巧或撇步去追求對方，我能給你的建議頂多也只是一些基本的觀念罷了，能怎麼做，還是得看你自己。」就像打RPG一樣，縱使有攻略秘笈可以給你參考，但該怎麼練功、如何挑選適合你挑戰的怪……這些還是得由你自己去決定、去努力！

不過最後我得提醒大家一件事，那就是——談戀愛跟打RPG最大的不同之處在於：**打Game總會有破關的一天，但是談戀愛這檔事，卻是至死方休的功課（戰鬥）啊！**

縱使有一天，你成功征服了心中那個終極夢幻的對象，同時也順利的步入了結婚禮堂，但是要切記：你依然不能因此而鬆懈下來！你必須不停的與時俱進、持續努力！畢竟大家要知道，即使結了婚，你身旁的神獸還是很有可能會持續成長並進化的！所以請將以下兩句話，時時謹記在心吧：

真正的冒險，此刻才正要開始！

對每個人而言，戀愛，其實都是一場至死方休的RPG！

Chapter Ⅱ

相遇前的各自修煉

04

阿宅的前女友1號：Miss愛是毫無保留的信任

那些最後不得不勉強接受「**胖阿宅就是娶到了如花似玉的仙女猴**」這個事實的朋友們，接下來還是很不死心的一定要追問到底：

「那想必你當初一定是追得非常辛苦吧?!你們之間一定經歷了不少波折，對吧?!」好像只有這樣，他們才能平衡一點。

坦白說，好像還好耶……追得很用力我承認啦！不過若要說到波折咧，其實我跟花猴從以前到現在，好像都還蠻平順的，也沒有那麼多你們希望能聽到的歷盡千辛萬苦、一波三折那種情節耶！認真想想，這其中的原因可能是因為在我們遇見彼此之前，都已經練了很多功、累積了足夠的經驗值的緣故吧？

所以，要不現在就來談談，在我們正式成為「**阿宅的花猴**」或「**花猴的阿宅**」之前，各自的一些愛情冒險故事吧！

說到我和**前女友1號**之間的故事，每次都會令我感到頗為惋惜與遺憾。雖然以時下流行的審美標準來看，她或許還稱不上是個正妹，但是她的善解人意與體貼，卻足以弭補一切的不足還有剩！

就拿我印象最深刻的幾件事情來說吧。記得有一次我們逛街逛到一半，我心想：逛了這麼久，她應該也口渴了吧？於是就對她說：

「我們要不要找個地方喝杯飲料啊？」

結果她把我拉去便利商店，然後說：

「不要浪費錢啦！我們買瓶飲料、坐在門口聊聊天就好啦。」

還有一次，她領到打工賺到的第一份薪水，當下便迫不及待的打電話給我：

「我領到薪水了耶！今天換我請你看電影跟吃飯好不好？」

後來我還輾轉由她朋友的口中聽到：

「你對她真的好好哦！都常常買衣服跟禮物送她，我們真的都超羨慕的耶！」

但其實那時候我的零用錢並不多，交往時也幾乎不曾送過她什麼東西，所以到那時我才知道，原來那些所謂「**我送給她**」的衣服或禮物，全都是她自己打工賺錢買給自己的，卻在她朋友面前為我做面子。

雖然這些事情看起來都很微不足道，但是也可以看得出來她的個性和心地真的很好，不是嗎？不過隨著交往的時間越久，我卻越發現她有些地方真的很怪。

例如：她不像一般情侶那樣總愛熱線不斷，電話老是講個沒幾句就掛斷。**（不過多年後，當我遇見另一隻同樣也很不愛講電話的小猴子時，也就不覺得有什麼奇怪的了。）**

還有另一點也讓我覺得很奇怪的是：她不像一般同年齡的女生一樣，假日一定要男友陪或是跟朋友一起出去，反而是常常留在家裡陪父母和家人。**（不過多年後，當我遇見另一隻同樣也會將假日留給媽咪的小猴子時，也就不覺得有那麼奇怪了。）**

不過當年的我並不懂得這些，我不懂得體諒、也不懂得選擇相信，反而是不斷的猜疑與不信任，甚至還開始覺得應該要對她有所保留了！

於是就在一次爭吵中，我終於失控的劈哩啪啦把心裡所有的猜疑與不滿一次通通都給倒了出來！說了很多傷害對方和感情的話。

而她，只是默默地看著並聽著我的失控，到最後才很輕很溫柔的說了一句：

「那麼……我們分手好了。」

接下來，我只記得我們兩個都一直看著對方，眼淚也都像停不住似的拼命往下掉！

直到過了好久好久之後，我才開口說了：

「既然妳也這麼難過，那我們就不要分手了啊！」

「不行。」

「為什麼？」

「因為，你已經不相信我了。」

於是，我們就這樣分開了！
於是，多年後我終於瞭解也懂了！
於是，我終於從我們倆流過的那些淚水中學到了一件事——

信任，是愛情的根本，必須是毫無保留的堅定。
它非得經年累月才能逐漸成形，但很可能只需要一句話、一個疑問，就能將它瞬間摧毀！

05 阿宅的前女友2號：Miss令人心疼的小可憐

至於我的**前女友2號**，嚴格說起來，這個「Miss」指的並不單單只是某一位女生，而是一個「**集合體**」。而且縱使這其中高矮胖瘦、白皙黝黑、或正或不正都有，但她們卻都有一個共通點，那就是：一開始在我眼中，她們通通都是以「**令人心疼的小可憐**」的姿態出現，讓我油然生起好想疼惜她們、保護她們的慾望。

比方說，在我們還只是朋友的時候，我就時常從這些小可憐女生口中聽到她們那令人同情的坎坷情史：

有的是男友劈腿成性，以致後來對於愛情和男人始終都有著揮之不去的陰霾！

有的則是交了一位暴力狂男友，很想離開卻苦於無人搭救！

也有那種老是自怨自艾她每次都無怨無悔、毫無保留的真心付出，但最後換來的卻總是最絕情的背叛和拋棄。

於是，當年自認善良又博愛的我，就常常憑藉著一股「**好吧！那就讓我來吧！**」的熱血，毫不保留的就一頭栽了進去！……

現在想想，當時的我大概是希望透過自己的奉獻，讓她們重新擁抱愛情、再次相信人性吧？更期許自己能成為她們人生中的**一盞明燈**（？）**或一座燈塔**（？？），為她們在黑暗無際的情海中，指引出**一條幸福的康莊大道吧！**（？？？）

但是我錯了！我既不是明燈、也不是什麼燈塔，我只是一個平凡的阿宅，並不是偉大的**愛情救世主！**記得老人家常說：「可憐之人，必有可恨之處。」這並不是說這群「**令人心疼的小可憐**」有多可恨，而是後來我才逐漸明白，愛情中的很多事情，只要仔細去看，其實就會發現存在於其中的諸多因果關係。

男人劈腿絕對是錯的！但如果妳一開始就知道他是這樣的人，卻還是選擇委曲求全的跟著他，那問題真的只是在男人身上嗎？

男人打女人絕對是錯的！但如果妳一直試圖去挑戰他的極限，甚至又罵又打又要求他得打不還手、罵不還口，那問題又到底是出在誰身上呢？

真情絕對值得最真心的對待，但如果妳的真情已經把對方給壓得喘不過氣來、彼此之間只剩下不開心的情緒，那這樣真的還有必要繼續下去嗎？

記得當時**小可憐**A常對我說：

「你們男人都是一個樣啦！滿腦子都是那檔事，反正久了受不了一定會去找外頭的女人解決啦！」

呃……可問題是，都交往一年多了耶！卻連想要牽個手跟抱抱，也會不時被打槍，我說這對於身為血氣方剛兼身心健康的正常的青少年的我來說，會不會太不健康了點啊？？？
再說到**小可憐**B，有一次我只是隨口對她說了句：
「妳線上遊戲別玩那麼瘋啦，每天都打到**早上七、八、九點**的，這樣對身體不好吧？」
結果，接著她竟然像發了狂似的就衝著我罵了將近半小時的**七、八、九字經**！而且咒罵的範圍，更幾乎囊括我所有的親朋好友加祖宗十八代……
相較於她們二位，**小可憐**C算是溫柔得多了。不過或許正因為她曾經歷過好幾段充滿了背叛與欺騙的感情，所以在我們交往的期間，往往只要我一通電話沒接到、或是跟某位女同事或女同學多說了幾句話，她的疑心病跟被害妄想症便會立刻大復發！更別提她平常總是緊迫盯人外加奪命連環叩的搞到我幾乎神經衰弱了。
但你們知道嗎？即使在交往的過程中，我再怎麼極盡忍讓或努力試著去跟她們溝通，但是到了最後分手的那一刻，我在這幾位小可憐的口中依舊成為了：
「都一樣啦！我看你一定是找到新對象了吧！」
「有我一定會承認，但問題是就真的沒有啊！」
「少來了啦！你以為我會信嗎？反正你們男人都一樣爛啦!!」
於是漸漸的，這些「**令人心疼的小可憐們**」讓我瞭解到江山易改，本性難移這句話，其實也很適用於愛情中。
除非哪天她自己想通了、也想要改變了，否則就算你再怎麼努力，她的回應依舊還是：**不**

信、不理、不願意！抱歉，這沒有意義！的三不一沒有最高指導原則。

於是，從這些偉大的故事中，我學到了幾件事：

我們真的沒有偉大到能夠去拯救對方的愛情，

所以也別妄想試圖去改變對方，除非他願意。

因為，愛情需要的是共識，不是單方面的自以為是。

06 阿宅的前女友3號：Miss女版的我自己

我相信應該有不少人都跟我有過相同的困惑：「**所謂最理想的對象，究竟應該是跟自己很相像，還是要和自己互補的？**」

關於這個問題，我想過很多遍、也試過很多遍，然後曾經有過那麼一段時間，我真的覺得如果能和一個「**女版的我自己**」在一起的話，應該會是件很棒的事吧！

有著同樣的興趣、一樣的嗜好，喜歡聽的、討厭看的、愛吃的、不愛的，幾乎都一模一樣！而且最恐怖的是，甚至連個性和想法也都像是一對具有超強心電感應的雙胞胎似的！這樣不是棒透了嗎？

沒錯！以上所說的，正是我跟我的**前女友3號**的最佳寫照。

還記得我們剛認識時，才聊了沒一會兒，我的心中便浮現出一種先是驚嚇、接著是驚喜混合著詭異感覺：「怎麼會有女生跟我這麼像啊?!這……我是不是應該先回家問問我老北老木，她會不會是我失散多年的雙胞胎妹妹啊?!」

不過很快的，這樣的念頭旋即就被另一個綺麗的幻想給掩蓋了：「這樣，以後我們就能一起狂聽Heavy Metal了耶！這樣，以後我們就能一起沉浸在有趣的哲學辯證中了耶！這樣，以後我們就能一起吃遍全台灣的夜市了耶！這樣，感覺真的超讚的耶耶耶！！！」

的確，這些真的都很棒也很讚！不過，卻似乎僅限於我們交往初期的那段熱戀期。那段時光真的真的很開心，我們不用花太多時間跟力氣去適應對方，反正喜歡的跟討厭的幾乎都一樣！我們誰都不必去遷就誰，因為兩個人就跟同一個模子刻出來的一樣！甚至有時候我還會有這樣的錯覺：「我根本不用去猜她到底在想什麼或是怎麼想？因為我只要用自己的模式跟角度去思考，就能知道她的想法了耶！」對啊！因為，她就是「**女版的我自己**」嘛！

但是，我卻一直忽略了一件很重要的事：

正因為是如此的相似，所以除了「好」的一面很相似，其實我們連「壞」的那一面也非常非常相似！

記得當時剛從學校畢業的我們，我還在等兵單，她則是仍在猶豫究竟該繼續升學還是直接就業？反正，就是過一天算一天吧！只要兩個人在一起開心就好了，至於未來……想那麼遠幹嘛呢?!於是白天睡覺、晚上打工，下了班就到夜店玩到天亮，就成了我們那段時間一成不變的生活模式了！

剛開始，兩個人都覺得這樣的生活真是愜意，但是隨著日子久了，或許是因為對未來感到不安、也或許是因為總是原地踏步的兩個人都開始對對方失去了新鮮感吧？於是懶惰、不耐煩、爭吵、瞞著對方出去玩，反正我會有的感覺她都有、她會做的事我也都會做。

好幾次，她跟我說當天要跟姊妹淘去逛街，結果電話打過去：

「咦，妳在哪裡啊？」

「跟朋友在東區逛街啊！」

「是哦……那我怎麼聽到歌聲咧？」

「路人啦！是路人在唱歌啦！」

「這樣哦……所以，路邊剛好還有一群男生在喝酒划拳是嗎?!」

不過別說她了，其實我也沒好到哪去！

記得有一次我跟她們一群朋友約好要一起去墾丁玩，結果前一天晚上不小心玩得太晚了，隔天不意外的就一整個睡過頭了……「喂！！！你在搞什麼啊?!都幾點了！所有人都在等你一個耶！」

「呃……哦……**快到了快到了**，塞車嘛！再等我一下啦！」

「塞你個大頭鬼啦！**我打的是你家的電話耶**！笨蛋！！！」

慢慢的我發現，我們在一起的確很開心，因為我們真的很清楚彼此的笑點。但卻更常不開心！因為我們都很清楚對方在搞什麼鬼！

我們時常一起催盡油門往前衝，卻又好像老是少了個人能及時幫忙踩剎車；我們總是樂於安逸的原地踏步，卻又總是欠缺了能夠適時推對方一把的那雙手。

最後，就在我入伍當兵一陣子後，有一天她告訴我她決定要再去唸大學了，然後也不想再去夜店了，而且還遇見了一個能連她的缺點也很愛、同時還能帶著她一起向前走的男生了。

不知道為什麼，聽她說完的我好像沒那麼難過，而且除了祝福之外，似乎還多了鬆一口氣的感覺！後來回想起來，我想或許是因為我們只喜歡聽一種音樂、只愛看一種書、只會去某幾間店、只習慣待在那口已經很熟悉的井裡，卻不知道其實我們錯過的是更遼闊的天空與更寬廣的世界。

於是漸漸的，從這齣亂認雙胞胎兄妹的假韓劇中，我和這位「**女版的我自己**」都學到了一件事：

太過相像的兩個人，會一起看不見未來。

完全不像的兩個人，往往連現在都強求不來。

有點像又不太像的兩個人，或許才更適合一起從現在走到未來。

07 花猴的前男友1號：Mr.說得比做得多

還記得剛開始跟花猴交往時，對於她過往的戀情，其實我也蠻好奇的！

或者是說，多多少少會有點小在意吧？不過，每每只要聊起，她幾乎都是輕描淡寫的帶過，然後好像也從來也沒聽她口出惡言數落過哪一任前男友。

「難道他們都沒有做出任何對不起妳的事嗎？」

「應該沒有吧？我記得他們都對我很好啊！」

「所以妳完全沒有任何怨言，也不會怪他們？」

「嗯……應該吧，而且其實我還蠻感謝他們教會了我很多事情呢！」

雖然這有回答等於沒回答，不過說真的，在這個觀念上，我們兩個倒是很有共識。有時候想想過往那些戀情，無論是好的或不好的，其實都直接或間接的讓我們明白了很多道理、也學會了很多事情。有些人或許是讓我們多認識了幾個英文單字、也可能是從前不曾聽過的音樂、看過的電影或是幾本書，也或許是教懂了我們幾個正確的觀念和態度，甚至也可能是以「**負面教材**」的形式，讓我們更懂得要如何去愛人與被愛。

所以，如果從這樣的角度來看，我們確實非但不該去怨恨，反而更要心存感激的去好好謝謝他們，不是嗎？

那麼，花猴的**前男友1號**，究竟又讓她學到了什麼呢？

「嗯……大概就是**停看聽**真的很重要這樣吧？」

「不好意思，我現在**不是在問妳要怎麼過馬路耶，這位小學生！**」

「**你真的很沒慧根耶！**我的意思是，交男友就跟過馬路一樣嘛，要先**停**、別急著往前走，然後**看清楚**，別只是用**聽**的，這樣懂不懂?!」

沒錯！這正是我家小猴子從和**前男友1號**交往的過程中所悟出來的道理。據她所說，她覺得當年他們兩個人之間其實並不存在著誰對誰錯的問題。頂多就只是兩個人都還年輕貪玩，朋友很多、約會也很多，除了戀愛之外，還有好多好多的外務得忙著去趕場跑ㄊㄨㄚ。

剛開始交往的前幾個月，這位嘴巴很甜的**前男友1號**總是能把她給逗得開開心心的。但隨著交往的日子久了，遲到、爽約、找不到人的頻率也變得越來越高了！或許是因為要記住跟要忙的事情真的太多了吧？所以常常約好的事情忘了做、說好的承諾也慢慢變了調。

熱戀時說好的天天接送，到後來變成了「**有空再說**」；剛交往時的夜夜熱線，後來也變成了「**我在忙，明天再說**」。一開始是平日常常見不到人，到後來慢慢變成就連假日也找不人！

甚至有一次她生日時，原本幾天前兩個人還興高采烈的討論著等星期五下班後，要去哪吃頓豐盛的大餐、要如何渡過一個既難忘又浪漫的夜晚。但是到了當天下午，這位**前男友1號**才突然打了通電話告訴她：

「對不起啦！公司臨時有一個很重要的應酬，要不明天，明天我再陪妳好不好？」

「還是晚一點也沒關係啊，晚一點我們再一起吃宵夜好了。」

「不行啦！我今天會應酬到很晚很晚耶……」

結果到了隔天又隔天……他非但都沒有現身，而且連一通電話也沒打過！甚至就連她撥過去的電話也一通都沒接！就這麼一直到了星期天的晚上，他才終於主動打了電話給她：「對不起，真的很對不起！我那天晚上喝得太醉，這兩天都躺在床上宿醉，所以才……」

「沒關係，算了啦！」

「妳不要這樣嘛！我真的不是故意的，要不明天，明天晚上我……」

「真的沒關係，我沒有在生氣，不過真的算了啦！」

於是就這樣，漸漸的她心中不安的感覺大過了開心！而那些頻頻落空了的期待，更讓她對於兩人的未來越來越不敢抱有任何期待。於是到最後，他們也只能選擇慢慢的漸行漸遠。

不過從這個故事中，她也悟出了那個「**交男友要跟小學生過馬路一樣**」的道理。

馬路如虎口，愛的路上一樣也要停看聽。

切忌急著往前衝，先「停」多「看」加少「聽」，才能平平安安的出門，快快樂樂的回家。

08 花猴的前男友2號：Mr.不定時炸彈

而說到花猴的**前男友2號**，其實也同樣並非是單指某個個案，而是一個「**集合體**」的概念。嚴格說來，這樣的性格特質，正是她後來最最避之唯恐不及、同時也是之所以會選擇我做為她終身伴侶的主要原因之一！

沒錯！相較於這數枚不定時炸彈的**前男友2號**而言，阿宅我不僅在個性上相對溫和些，最重要的是，我的情緒起伏也相對穩定，不至於會有太過大起大落的劇烈波動。

我想看到這裡，應該有不少人都會很想問我這個問題吧：「**為什麼這一點，對於花猴來說會是這麼的重要呢？**」

第一，因為她很懶，而且還是宇宙超級無敵的那種懶！所以在大多數時間跟情況下，她都會希望自己的情緒可以維持在平平穩穩的、風平浪靜的、沒有什麼波動的狀態裡，因為這樣她才能很安心的過著她那步調極度緩慢的生活，就像隻很不喜歡被打擾的懶猴一樣，感覺臉上總是掛著微笑，要嘛能不動就不動，不然就是很慢很慢的移動，這樣。

這對她來說，這不叫懶散，而是一種優雅的慵懶。所以她可以「**寧可不要那麼開心，但卻**

絕不允許任何人讓她無法慵懶得很安心。」

再來則是，大家別看我家這隻小猴子老是一副大喇喇、少根筋的模樣，就以為她天不怕、地不怕。事實是，她其實超級惡人無膽的（**咦**），不過每當她被嚇到傻掉時，卻又愛強裝鎮定、不肯示弱於人前，而這往往也把她給搞得更累。

我想，如果每種動物都存在著所謂的天敵，那麼對於我家這隻花懶猴而言，像**前男友2號**這種動不動就狂喜暴怒的物種，大概就是了吧？

就像我說的，正所謂「不經一事，不長一智」，尤其是像這樣的不定時炸彈，往往又都擁有一些相當吸引人的特質：他們通常都很活潑，在人群中很突出也相當活躍。跟他們在一起，尤其是在戀愛初期的熱戀期時，妳很容易就會感染到他們散發出來的光芒和熱情，總是可以感受到滿滿的活力與歡樂。

但是當交往越久、認識越深之後，伴隨大起而來的大落、狂喜之餘的暴怒，又會讓人覺得很累、很不安、很無福消受，漸漸的就會心生退卻的念頭。

畢竟人跟人之間，無論個性、習慣或是情緒都是會互相影響的，更何況還是身邊最親密的**戀人！**

記得花猴曾經跟我說過，有那麼一段時間，她自己開車的時候總是很容易就心浮氣躁，而且還會動不動就會冒出一股無名火來。後來她才驚覺，原來是因為當時她那位**炸彈A前男友**，每每開車載她的時候，總是前一秒還跟她說說笑笑，下一秒就突然打開車窗大罵三字經，有時甚至還會直接衝下車去要去跟人家理論……

再說到另一位**炸彈B前男友**好了，平常兩個人獨處時，在她面前總是溫柔貼心又很會逗她開心的他，一旦看見有男生跟她多說幾句話，往往連問都不問對方跟她的關係，即使對方只不過是公司裡某位不太熟的男同事，他也會一股腦地衝過去嗆聲，要對方離他女朋友遠一點！

至於跟這幾位前男友最後又是怎麼分手的？後來花猴是這麼對我說的：

「剛開始我還會說服自己說，其實這樣也蠻MAN的嘛！又或許是因為他們真的太在乎我了，所以才會這麼愛吃醋跟……激烈了些。但後來我才發現，他們不但情緒控管有問題，而且這樣的相處模式，也讓我常常都處於一種提心吊膽的狀況下，這樣真的很累，所以我也只能選擇分手了。」

誠如她說的，漸漸的她發現她的生活裡雖然多了不少多采多姿的歡樂與開心，但卻也因此而多了更多不確定的隱憂與不定時的炸彈。這不僅讓她感到不安心，更讓她覺得很不安全。於是漸漸的，她明白了，也終於學到了一件事。

不只經營企業需要穩健踏實，愛情也是。
少了大起大落的愛情，或許少了點激情，但卻能讓你擁有更踏實的心情。
因為在愛情裡，安心和放心，其實才是最持久、也最難能可貴的一種開心。

09 花猴的前男友3號：Mr.未來的責任感

其實就在我們終於確定要結婚前的某一天，我曾經問過花猴一個問題：

「為什麼妳媽媽最後會願意放心把妳交給我啊？」

「因為她覺得你很有責任感囉。」

「責任感？是從哪看出來的啊？」

「因為你早上來接我上班從來沒遲到過，然後晚上也都一定會在我11點門禁前就把我送到家囉。」

「就這樣？」

「哦，對了，還有因為你比較老！」

「**什麼鬼?!**」

「好啦！因為我媽覺得你年紀大我比較多，所以應該會比較疼我，然後對未來也比較有想法嘛！」

照這麼說來，所以這「**未來的責任感**」跟男人的年紀有著很大的關係囉？真的是這樣嗎？

是因為年紀還沒到，所以責任感還「**未來**」？還是因為年紀還沒到，所以才看不清楚「**未來**」？

我相信這些答案因人而異，但如果是就我自己而言，又的確是如此。回想起來，我好像也是出了社會好多年、經歷過一些工作上的經驗跟生活上的體驗後，才逐漸認知到什麼是所謂的責任感和未來。

記得在我們交往後，花猴曾經不只一次跟我聊起她那位**前男友3號**，她總是這麼跟我說：「其實他真的很好，而且對我也很好。不過可能是因為我們年紀太過接近，個性也太像的緣故，漸漸的，我對於我們之間的未來感到越來越不安，我不知道他可以給我什麼樣的未來？也看不見我們未來的模樣，甚至也不能確定那樣的未來，究竟會不會是我想要的？」

就像我跟我的**前女友3號**一樣，當年還年輕的她們，一開始眼中都只看得見當下的快樂，畢業後要不要繼續升學？退伍後要進哪一行、要做什麼工作？似乎都還是遙不可及的未來。

但或許是相較於男生而言，女生總是早熟了一些，漸漸的除了玩樂與快樂之外，那時的花猴希望自己的人生能繼續往前走，於是她選擇到技術學院再進修；又為了能更清楚看見未來的模樣，於是她在公司裡主動要求學習剪接的工作；而或許便是從這時候開始，他們兩人便逐漸沒有走在同一條路上了。

雖然這些確實是導致他們後來之所以分手的一個主因，不過在我聽來，其實另外一點或許才是真正的關鍵吧？那就是：**責任感！**

雖然以前我總是感到相當困惑，到底要如何才能知道一個人是不是真的很有責任感？不過，就在經過花猴跟花老母的循循善誘與悉心調教後，我總算懂了：

在愛情裡，人在做，不只天在看，還有對方跟對方的父母家人通通都在看。

所以別以為遲到爽約只是小事，這些很可能都是評估你到底有沒有責任感的隨堂考試。

所以我才說，真正的關鍵其實不是出在那看不見的未來，而是在於要如何去面對未來的態度！態度是否是積極的、是否是進取的、是否是有擔當的、是否是有責任感的？於是最後，從這位沒通過一次次隨堂考試的**前男友3號**身上，她也學到了一件事。

看不見未來的愛情，就像航行在看不見陸地的大海上，久了，會令人不安。

而責任感卻像枚可靠的指南針，讓彼此因為它而確信，自己正朝著正確的未來前進。

10 愛的攻防戰首部曲：Timing is everything！

就跟做投資一樣，愛情，其實也是相當講究Timing的。

何時該進場、何時該退場、何時應該要加碼、何時又該停損？這些觀念對於投資非常重要；同樣的，對愛情也是！無論是從相遇、相識、追求到交往的各個階段，懂得掌握適當的時機、做適當的事，基本上，大概就已經先成功了一半。

就像許多人時常會感嘆自己總是在錯的時間，遇見對的人。其實這種無奈，也曾經發生在我身上，還記得當年仍是青澀學生的我們，彼此都感覺得到兩個人之間始終存在著似有若無的曖昧情愫，但無奈的卻是，當她沒有男朋友時，我有女朋友；等到我沒有女朋友時，她卻又交了新男友。

於是就這麼互相錯過了許多年，當我們因畢業而漸行漸遠後，最終也只能互祝對方能擁有一個幸福美滿的未來，然後頂多再嘆一聲有緣無份罷了。

而與其說這是造化弄人，我覺得倒不如說就是兩個人的時機老是湊不在一起嘛！所以你們說說看，在愛情裡，這時機是不是相當重要？Timing是不是everything啊！

所以，也難怪有不少朋友都曾問過我一些類似的問題：

「你覺得我什麼時候可以牽她的手？」

「如果我明天就答應跟他接吻，這樣會不會太快啊？」

「才交往沒多久，她就要我送她ＬＶ，我該答應嗎？……」

「我覺得對他越來越沒感覺了，是不是該跟他提分手了呢？」

「我想跟她求婚，但又不知道應該選在哪個時間點會比較好？」

坦白說，這些問題真的很難回答！因為我不是魚，又怎麼會知道魚快不快樂呢？所以往往我頂多只會這麼回答他們：「嗯……就看感覺吧！」

好啦，我知道這樣的回答確實有點過於敷衍兼不負責任，不過說真的，我個人覺得啊～**掌握Timing這件事，講得不僅是天份，也需要很多經驗的累積！**

要不這樣好了，就拿我跟花猴兩個人在做法上是完全相反的例子，給大家參考參考吧！

其實簡單來說，在談戀愛跟交往這檔事上，我是屬於「**扣分派**」，而花猴則是屬於「**加分派**」的。

什麼叫「**扣分派**」？就是我對一個人的評估和感覺，一開始都是先從滿分開始給分，然後再隨著交往相處慢慢往下扣。

在剛開始跟一位女生交往時，只要感覺對了，我就會選擇完全的、百分百的相信她，幾乎毫不保留的去付出。

不過前提是，這些付出仍必須是在我能力範圍內的，如果是要我刷爆卡去當卡奴來供養她的話，那麼很抱歉，這我真的無能為力！

除此之外，我都會用盡全力的去讓她感受到我對她的好，不過在這麼做的過程中，其實我一邊也在觀察這樣的付出究竟值不值得？

通常，我不僅會先在心裡劃好一道底限跟停損點（**扣分超過**），同時也會在一開始便清楚告訴對方這些原則：「我覺得付出應該是要互相的、不能把我對妳的好都當做是應該的，我不能接受妳跟別的男生單獨出去約會……諸如此類。」

而這些，也就是我所謂**扣分的參考標準**。如果當分數已經扣到了我心裡設下的那個停損點時，那麼我就會知道，是時候該選擇從這段感情中離開了。

至於花猴這個「**加分派**」呢，則是恰恰好跟我相反！

每個人在她心目中都是從基本分開始，她是屬於那種會先在心裡列好一張Check list，接著再從交往的過程中，去逐項逐項確認並打勾、加分的，例如：會不會常遲到？會不會常常說了又做不到？會不會時常發脾氣？小不小氣？乖不乖巧？有沒有責任感？對別的女生懂不懂得保持距離？……諸如此類的。

等分數加到了她心裡的某個標準時，她才會放心的選擇感情加碼；反之，如果分數始終遲遲加不上去，甚至還逐漸落入倒扣狀態的話，那麼她便會考慮在適當的時機，直接退場。

所以說在愛情中，究竟什麼時候該選擇進場、加碼、停損，甚至退場？這個Timing的掌握，或許我跟花猴兩種截然不同的做法能供大家當做些許參考，不過其實真正的重點，還是在於你自己。

如果你能先找到並列好自己心裡的那張Check list，同時也能很清楚的知道自己的底線和停損點在哪裡的話，那麼在愛情裡，何時該進、該退、該加、該減，這些Timing你也就能明明白白、了然於胸了。

11 愛的攻防戰二部曲：青蛙可以變王子，公主也可能變褓姆。

雖然有不少男性朋友們總是對「**公主型**」的女生敬謝不敏，甚至嗤之以鼻、充滿敵意！但弔詭的是，卻仍有為數眾多的弟兄們總是前仆後繼的投入追逐的行列，並希望自己有朝一日能成功攻略這群看似高不可攀的所謂「**公主**」們。

這是為什麼呢？關於這個問題，我思考了很久，後來我想或許這跟我們從小就被一堆童話故事洗腦有關吧？感覺今天即使我只是一隻不起眼的小青蛙，但如果有朝一日，我能成功覓得一位公主並和她共度一生的話，那麼不就可以應了那個「**青蛙最終也變成了王子**」的童話、一躍而成為能和公主匹配的王子了嗎？

相對的，就算自己原本只是一個平凡的女僕，但是只要能獲得王子的青睞，最後並坐上他的白馬車朝著幸福的城堡揚長而去的話，那麼是不是自己也能搖身一變成為眾人稱羨的公主呢？於是，就跟所有童話故事的結局一樣：「王子和公主，從此過著幸福快樂的日子」了！

坦白說，像這麼幸福快樂的例子，在現實世界裡，如果只是長得像公主或王子的，我倒是有見過幾個案例。但如果是那種打從心底就覺得自己是個公主或王子的，嗯……那我就真的沒見過了！

怎麼說呢？就像之前曾經有朋友問過我這麼一個問題：「阿宅我問你哦，你覺得如果今天一個有『**王子病**』跟一個有『**公主病**』的情侶在一起，那這樣還能夠『**王子跟公主，從此過著幸福快樂的日子**』嗎？」

我回他：「你說咧？你自己都說了這是種**症頭**了，那麼別說能不能幸福快樂啦，我看如果不趕緊把它給治好的話，應該連身邊的人都會遭殃吧！是不是？XD」

不過就像我說的，這所謂的「**公主病**」或「**王子病**」，基本上並非專屬正妹和帥哥的權利，即使是長相普通、甚至長得不太ＯＫ的，也有不少是這種病的重度患者。所以通常我不會從外表上去判斷，而是要藉由觀察他們的言行舉止來判斷。如果真的不幸遇見了某位公主或王子，我個人則會選擇盡量**靠邊走**，並盡可能的別去招惹，也千萬別妄想去改變他們！

畢竟你要如何去說服一個打從心底認定自己就是公主或王子的人，接受他們其實不過也只是個平凡人的現實呢?!所以，除非哪天他們自己突然醒過來，否則就別去折磨你自己了吧！

更何況，你要知道這公主病跟王子病的症狀其實是會越來越加重的！不僅公主有可能進化成**皇后**、甚至是**太后**！王子也有可能會一朝登基為**皇上**，更甚者可能還會把自己給錯認為是受萬人膜拜的**玉皇大帝**呢！

所以這些跟我們生活在不同世界裡的神（？），我們看看就算了！如果真的非得要覓得王子或公主，才願意嫁娶的話，那麼你至少也找個長得比較像王子或公主的、但比較沒有王子病或公主病的人囉！

或許你會說，誰不想？但是像這樣的對象哪有這麼容易遇見啊！但我只能跟你說，不光有，而且還為數還不少呢！

重點是，你願不願意先放下自己內心的成見，去相信並且去看見。

如果真的有那麼一天，當你終於遇見了你心目中的王子或公主時，那麼就用盡全力去讓他看見你的好，並且讓他知道，你的好，正是他尋尋覓覓了好久、一直很想要的那種好。

只要你的真心與努力最終能打動並感動了他，那麼屬於你的童話故事或許就會這麼展開了……

有一天，王子遇見了一位縱使要他赴湯蹈火、甚至成為她專屬男僕也在所不惜的公主……

有一天，公主遇見了一位值得讓她全心付出、就算成為他專職褓姆也無怨無悔的王子……

於是最後童話故事裡那千篇一律的Happy ending：「王子與公主，從此過著幸福快樂的日子。」似乎也並不全然是只能存在於書中、電影中的虛幻故事而已。

12 愛的攻防戰三部曲：談錢傷感情，但沒錢怎麼談感情？

打從很年輕的時候開始，雖然或許稱不上是把錢看得很淡，但我的確很認同縱使沒錢萬萬不能，但有錢也真的並非萬能，尤其是在愛情裡！

不過我也知道像我這樣的觀念並不是人人都能認同，就像之前有一次，我和一位男性友人聊到了他近來的感情狀況，剛開始倒也還好，反正就跟從前一樣，他又絮絮叨叨的說起他那坎坷的感情路，像是某位女孩又如何如何不懂珍惜且辜負了他的一片痴心與深情！……之類的。簡單來說，就是他總覺得自己已經做到十全十美了，但卻很倒楣的老是遇見愛往雞蛋裡挑骨頭的難搞女生。

反正他都沒錯，錯的通通是對方！所以最後，他更下了這麼一個結論：「我覺得最大的問題就在於我不夠有錢啦！反正人哪，只要夠有錢，什麼買不到？就算是愛情也是一樣啦！」

「所以你覺得愛情可以用錢買得到？」

「當然啊！你想想看，如果我可以**每天送一個**ＬＶ，每個月再給**二十萬零用錢**，然後外加住**帝寶**、**開賓士**，你說哪個女人不會死心踢地的跟著我啊？」

「是我就不會啊！我還是覺得一個人的愛情如果能用錢收買的話，那這個人也未免也太廉價了吧？能買得到的也不會是多好的愛情！」

雖然後來在社會上歷練了很多年、也交過幾位女友之後，我確實也深刻的體認到：「**談錢傷感情，但沒錢怎麼談感情？**」這個道理，就如同長輩們常說的「**貧賤夫妻百事哀**」一樣，縱使我覺得愛情不該如此庸俗又充滿銅臭味，但是不得不承認錢在愛情裡，的確是一個很重要的關鍵，畢竟生活裡有太多柴米油鹽醬醋茶都跟錢這檔事脫不了關係！

不過我還是時常會思考一個問題，那就是：假如今天我是個女生，然後同時有兩個男生在追我，一個是身價上億、月入百萬，但是卻連出去吃頓飯、看場電影都要我自己付錢；而另一個則是月薪五萬的上班族，但是出門總搶著付錢，每個月還會硬塞個三、五千給我當零用錢。那麼在這兩者之間，我會選擇哪一個呢？

或許這金錢之於愛情的關係，在足以應付日常生活與家庭開銷之餘，重要的並非在於能夠提供多麼奢華的消費，而是你透過金錢所表現出來的態度與心意吧！

不過話說回來了，當男人展現出這樣的心意時，我覺得女生相對的也應該要建立起一個觀念，就如同我從前時常對當時的女友說的：「說真的，我從來不認為男生和女生之間，有什麼事是對方應該一定要做的！如果今天我為妳做了什麼，或者妳為我做了什麼，我們都必須知道，**那是因為我們夠愛對方、是我們自己心甘情願的、主動選擇去為對方做的**。不為了什麼，只因為能讓對方感到幸福，我們自己就能感到滿足，就這麼簡單而已，不是嗎？」

其實在愛情裡，真的沒有那麼多所謂的「**應該**」，雖然我曾聽過許多女生都會這麼說：

「他是男生耶！本來就『**應該**』替女生付錢啊！」

「他是我男朋友耶！本來就『**應該**』給我零用錢的啊！」

「誰叫他是男人啊！男人在婚前本來就『**應該**』要準備車子跟房子的嘛！」

所以說，這些•通通•都是•法律•有明文規定•的•就是了!!

還是說，全天下的男人都是比爾蓋茲的兒子，買房子就像買衛生紙?!

當然不是！那是因為這些其實都是出自於他們心甘情願的選擇，而之所以會選擇要如此的心甘情願，就只是因為「**他，是愛妳的**」。

天底下，真的沒有「應該」這回事！

就算有，應該也是存在於對方的心裡，而不應該存在於你的想法裡。

或許金錢之於愛情，的確是一個很重要的考量及條件，但是如果兩個人的愛情裡除了金錢就再也看不見其他的東西，那麼這樣的愛情又真的能令人感到溫暖和幸福嗎？

相對的，雖然談錢的確很傷感情，但沒錢卻又要怎麼談感情？畢竟戀愛無法令人成仙，就算再怎麼幸福的戀人，肚子餓久了，火氣也是會越來越大的嘛！

不過與其花時間去爭辯愛情和麵包到底哪個比較重要？倒不如好好利用這些時間與精力，去找到彼此對於愛情跟麵包都能接受的那個平衡點。

然後，再來更重要的是，或許女生可以試著去看看妳的他，是用怎樣的態度與心意在看待你們之間的金錢與愛情的關係的？而相對的，妳又回應了他什麼樣的「**應該與不應該**」呢？

13 女人要的都是：從小生長在孤兒院的金城武?!

年輕的時候，我曾經有過一位相當要好的女性友人。說真的，她無論是面貌或身材，都稱得上是相當的優。不過怪的是，明明都那麼近水樓台了，可是我就是提不勁去追她，連她都曾經直截了當的問過我：

「我們認識這麼久了，你難道從來都沒想過要追我嗎？」

「嗯……沒耶。」

「為什麼？」

「拜託！因為我知道，自己就不是妳的菜嘛！」

沒錯！說到我跟這位正妹，當年不但常常單獨出去吃飯、看電影，甚至還無話不談到舉凡她煞到了哪個男生、交了哪位新男友、吵了什麼架、又為了什麼而分手……通通都知道！

反正算起來，我應該可以說是當時全世界知道她最多事情的人了吧？不過……壞就壞在這點，正因為我知道得越多，所以我就越知道，自己，絕對‧絕對‧不會是‧她的菜！

雖然就像我說的，這位正妹的條件真的還蠻優的，不過她的情路卻始終走得很不順。還記得那時候，她常常這麼跟我怨嘆：

「奇怪耶！為什麼我老是遇不到好男人啦？」

「是妳太挑了吧！我看妳之前交的明明就都還不錯啊。」

「哪有~我就老覺得每個都少那麼一點嘛！」

「少一點？是哪一點啊？要不妳把條件開出來，我來幫妳物色看看身邊有沒有妳的Mr. Right好了！」

「好啊！其實我要求的真的不多啦……」

於是這位可愛的正妹朋友，便這麼霹哩啪啦的列出一大串她所謂「**真的不多**」的要求來了：

「不用太帥沒關係，不過我比較偏愛白淨斯文又會打扮的；也不用太高，大概有個一七八就OK了；然後也不用太有錢，不過至少要有車子跟房子。嗯……不過車子的話，我比較喜歡休旅車，坐起來比較舒服；至於房子，也不用太大啦！大概有個30坪就差不多了，不過最好是在台北市啦。另外，就是要有穩定的工作、要有責任感、要懂得疼我、對我好……哦對了！還有一點很重要的是……婚後不能跟父母同住，你知道的，我很不會跟長輩打交道的嘛！」

於是當下聽完後，我是這麼回答她的：

「喂，我說這位太太啊！我看妳要的根本就是從**小生長在孤兒院的金城武嘛!!**」

難怪她總覺得自己的感情路坎坷又不順！難怪她老是遇不到「**好男人**」！也難怪她總是覺

得每任男朋友都差了那麼「**一點點**」。

其實她的問題簡單來說呢，就是她要的真的很多！但她卻不知道自己其實要的太多了。雖然當下我忍住了沒說出口，但其實我心裡真的有一句話好想問她：

「妳有問過自己憑什麼嗎？憑什麼妳就可以全拿啊?!」

說真的，每當我聽見身邊有女生開出類似這樣的條件時，我真的都會好想這樣問她們：「天底下哪來這麼完美的事啊?!」

而且就算真的有好了，那又為什麼會是通通都給妳，而不是給林志玲呢？

就像我常跟人說的，我覺得其實求愛跟求職在某些方面來說還蠻像的。在你求職的當下，相對的對方也在求才；你有很多要求，但對方同樣也有很多條件。

所以當你要求對方給你些什麼的同時，是不是也該先問問自己到底能夠給對方什麼呢？

後來，接著我又問這位正妹朋友：

「那我這樣問妳好了，如果剛剛妳列出來的那些條件，一定要妳拿掉一個的話，妳會先拿掉哪一個呢？」

「嗯……這樣哦，那要不……身高好了。」

「好，那如果要再拿掉一個咧？」

「再一個……就房子吧！」

「ＯＫ，那我直接問妳，假設今天妳只能留下三個條件的話，那麼又會是哪三個呢？」

「才三個哦？齁~好啦好啦！我想想看哦……那應該就是要疼我、要有穩定的工作跟要有責任感這三個囉！」

「嗯，所以其實妳很清楚自己『最想要』跟『最重要』的是什麼嘛（笑）。」

不就是這樣嗎？或許每個女生都會希望自己未來的另一半可以什麼都有、什麼都會、什麼都不奇怪。不過天底下哪有這麼十全十美的事？又哪來那麼多從小生長在孤兒院的金城武呢?!學會接受人生本來就是不完美的，是讓自己通往幸福的第一把金鑰匙！

所以，重點是妳能不能誠實面對自己的內心？先認識自己，再去篩選出妳心裡真正最想要、也最重要的那些幸福的條件！

十全十美的完美，往往只存在於妳自己的想像中。

因為現實世界中所存在的，其實只是妳心裡那個剛剛好的完美。

14

請問哪裡買得到「戀愛step by step」或是「戀愛全攻略」？

之前有一位朋友，經常三天兩頭就會打電話來問一些關於如何追求女生、或是交往後該如何進行下一步之類的問題。剛開始，我還會耐著性子幫他分析，甚至提供一些自己的經驗供他參考，到後來真的被他問到煩了，所以幾乎每次談話的結尾，我都會這麼跟他說：

「這些問題，其實我覺得你應該先問問自己吧！畢竟我不是你，也不認識她，該怎麼追、怎麼做，你該問的是你的心，而不是我。更何況，戀愛這檔事原本就沒有既定的公式，更不會有『戀愛step by step』或是『戀愛全攻略』讓你照抄啊！」

坦白說，我之所以會對這位朋友漸漸失去耐性，除了因為他老是鬼打牆似的不斷重複問我一些同樣的問題之外，最主要的還是無論我再怎麼極力勸誡他，就算已經跟他說過八百次了，他還是會依然故我的做出許多令我難以理解的傻事！

比方說，我時常提醒他千萬別在還不是那麼熟的女生面前亂開黃腔，即使對方真的對你有意思也不可以！

但有一次剛好他跟我、還有一些公司裡的女同事一起聚餐，大家聊著聊著，他冷不防就對著當中一位頗具姿色的女同事，同時還指著自己餐盤裡的雞肉說：

「欸，妳想吃我的**雞……吧**？」

只見那位女同事先是嚇到傻掉，下一秒臉上旋即寫滿了鄙夷與不屑，而且一雙眼睛簡直就像是要噴出火來似的！

大家應該不難想像這場面有多尷尬了吧?!但就當我把他拉到一旁去數落一番的時候，他竟又一頭霧水兼忿忿不平的對我說：

「為什麼你可以我就不行?!你不是說你上次不小心把一句文案寫成了『**那麼大家就趕緊去吃××雞吧～**』，然後提案的時候唸出來，在場的男男女女都笑得很開心嗎？我今天講的這個笑話，還不都是學你的！」

說真的，聽他這麼說完的當下，我不但蠻傻眼的，而且還很想跟他說：

「這講笑話就跟談戀愛一樣，其實都要講天時、地利跟人和的、要看情況的嘛！……」

不過這句話，最後我還是忍住沒有說出口，因為我發現，**他似乎永遠都無法瞭解我的明白**，我講得越多，他就模仿、照抄得越多，然後，也錯得越多！……

到後來我甚至覺得，我越是想幫他，似乎就越是害了他！我以為自己跟他分享的是談戀愛時該有的觀念和態度，但他接收到跟解讀出來的卻都是錯的！很多追女生的行為模式和小撇步都被他誤用了。

我還記得曾經跟他說過，談戀愛時要慢慢來，很多事情急不來，最重要的是要讓對方覺得你是個很懂得尊重女性的男人。

結果，就在他跟某位女生交往了一陣子後，無論對方怎麼明示暗示，他就是連牽個小手都打死也不肯就範！（咦）

好吧，所以後來我又跟他說了，其實兩個人只要感覺對了、氣氛也對了，稍微不禮貌、不尊重對方一點也是ＯＫ的啦～（咦）

呃……我的意思是，其實有時候女生也會希望你能夠有些表示和行動的嘛！最重要的是千萬別讓對方覺得你很急色、滿腦子都是那些色色的事就好啦！

結果，他老兄竟然跟人家第一次出去約會，就把人家帶去看夜景，然後還趁著月色美、氣氛佳的時機，就……**就直接把嘴給嘟了過去！！！**

然後毫不意外的，對方當然是狠狠給他打了一槍，並且從此把他給列為拒絕往來戶了！

後來我想，那要不我就詳盡點，說一些以前跟某些女生從認識到交往的過程給他作參考好了。

我說，當時我跟那位女生對看了幾眼，突然間就感覺到我們彼此對對方是有感覺的……

他立即回問說，所以只要女生多看他一眼，就是喜歡他了？

我又說，後來我們出去約會了幾次，相處過後，我更確認她應該是喜歡我的……

他卻說，所以只要女生答應跟他出去，就是對他有意思、想跟他在一起了？

我再說，後來有一次，我感覺氣氛對了，時機也成熟了，於是我就向她告白了……

他卻說，所以想交往之前，就直接先告白，對吧?!

對你個頭啦！

當然不是啊！你當談戀愛是在打棒球嗎?!誰規定你非得一壘、二壘、三壘，再跑回本壘……這麼有規律的進攻啊？所有技巧都要看情況的嘛！

而且戀愛這檔事，本來就是因人而異、因地制宜、因材施教的！

前面就說了它沒有公式可以套用，也沒有『**戀愛step by step**』或是『**戀愛全攻略**』可以讓你逐步照抄照做的嘛。

簡單來說，還是那句老話，你得先用心並用功去認識和瞭解自己跟對方，然後才有可能「知己知彼，百戰不殆」。

如果你滿腦子想的都是如何從別人那兒問來的所謂「**必勝方程式**」，然後再套用到每個你想攻略（**追求**）的對象身上的話，那麼我只能跟你說：**這絕對行不通！你是必敗無疑的啦！**

因為，你既不懂又不肯用心，那麼對方又怎麼可能讓你贏得她的芳心呢？

後來有一天，這位朋友又如常的打電話跟我諮詢：

「喂，你覺得我應不應該打電話給她啊？」

「你想打就打啊！這有什麼好問的？」

「不是啦~人家不是說不能天天打電話，要吊吊對方的胃口嗎？」

「吊……吊你個頭啦！你當你是在釣魚哦?!如果你想她，就打給她，然後如果她真的喜歡你，就不會覺得你煩。」

「是這樣的哦？那再來咧？下一步咧？打給她之後我要說什麼跟做什麼呢？」

「這……你應該要問你自己吧？大佬！！！」

是啊！問問你自己、也聽聽你的心是怎麼說的吧？

我或許懂得寫兩性相處的觀念，但我真的寫不出兩性戀愛step by step或是全攻略啊！

Chapter Ⅲ

相戀時的彼此覺醒

15 我們其實不是遇到彼此，而是努力成為現在的彼此。

說真的，自從跟花猴交往以來，每次只要聽到身邊有人這麼說：「阿宅，我真的好羨慕你跟花猴哦！我好希望以後也能遇到一個像你們彼此這樣的對象耶！」當然一方面我會覺得其實還蠻開心的，但另一方面卻又會令我覺得蠻感慨的……

有時候我還蠻想問他們的：「那麼你們希望『**遇到**』的那個對象，到底是個什麼樣條件的人？是又高又帥、又美又辣？還是只要個性好，外表看得順眼就好？是要有車有房又有錢，即使花名在外但只要帶出門夠威就好？還是只要有責任感跟上進心，而且對妳也很好，即使現在存款不多，但可以兩個人一起打拼就好？類似這樣的問題，你們曾經有很用力的去思考過嗎？」

其實你們知道嗎？在我和花猴相遇之前，阿宅，其實並不是現在的阿宅；而花猴，也不是你們現在所見到的花猴。

或許應該這麼說吧，我們其實並不是「**遇到**」彼此的，而是漸漸的努力「**成為**」現在的彼此。

在我們終於成為現在的「**阿宅的花猴**」跟「**花猴的阿宅**」之前，其實我們也跟大多數人一樣，都曾經在愛情的路上跌跌撞撞、尋尋覓覓了好長一段時間。

後來聊起來，其實在那段年少輕狂的歲月裡，我跟她都一樣經歷過貪玩、心不定、分不清是喜歡還是愛，反正只要在一起開心就好了的階段。

據花猴本人透露，那時候的她・比現在・任性・一百倍！**而且還很自私・自我・壞脾氣・然後也更愛玩**。

不過，若要說到愛玩這一點，我絕對是比她更有過之而無不及啦！簡單來說，我年輕時所經歷過的種種，應該差不多可以寫成・一本・活生生・血淋淋的・八零年代・台北夜店・演進史・了吧?!（**沒錯，阿宅我年輕時是個百分百的夜店咖！**）

記得後來我還曾經自以為很幽默的這麼對她說過：「我覺得妳真的應該要好好感謝在妳之前的那些前女友們耶，如果不是因為經由她們，讓我慢慢的覺悟跟醒過來的話，搞不好妳現在遇到的還是從前那個夜夜流連夜店又愛玩的阿宅咧！」

花猴回我：「如果真的是**那個你**的話，那麼我一開始根本就不會理你，更別說是認識或交往啦！」

嗯……她這樣講也對啦！其實就像我跟花猴常說的：「**想要交往什麼樣的對象，你就得先讓自己成為那樣的人**。」當我還在混夜店的時候，當初交往的也幾乎清一色都是夜店妹！至於學校裡那些相對乖巧又清純的美眉們，看到我大概就都跟見鬼了似的避之唯恐不及吧！

所以，有時候我常常這樣想：感覺之前的那種種經歷，好像就是為了要讓我能夠變得越來越好，好到足以做好準備等待我生命中這隻小猴子的出現似的。

但別以為這樣就夠囉！因為這些都還只不過是成就開始的契機之必要條件罷了。真正重要的是在一起之後的相互磨合、溝通跟學習！

說真的，如果少了這些互相調適的過程的話，那麼大家今天應該也看不到我們這一對「**花猴的阿宅**」跟「**阿宅的花猴**」了！甚至也不會有這本書的問世了。

不過，至於我們是怎麼努力成為現在的彼此？又經歷過了哪些調適與學習的過程？關於這些說來話長的故事，我們就留著後面慢慢聊吧。

在這裡要先說的是，我覺得最值得慶幸的是：還好我們兩個都懂得透過那些過程，去一步步的更加認識自己。我常在想，人生最重要的課程之一，不就是持續不斷的去認識自己嗎？因為只有越認識你自己，你才會越知道自己真正想要的、跟真正最重要的究竟是什麼？

不是我們總遇不到對的人，而是或許你們沒有努力成為彼此那個對的人。

16 阿宅花猴的情字這條路（上）：一點都不浪漫的邂逅。

其實偶爾我真的會這麼想，娶了一隻仙猴（**誤**）……哦不！是娶了一位如花似玉、像尊仙女般的小猴子，這對我而言到底是幸還是不幸呢？

往好處想，這自然是眾人稱羨、帶出門也相當威風的一件事。不過壞處想卻是：我不免要遭受眾人的質疑和白眼，三不五時就會聽見：「你是何德何能啊？到底憑什麼？？怎麼會這樣？？？」諸如此類的閒話家常（**大誤**）。

好吧，我知道大家都相當好奇，現在看起來似乎總是過得幸福又歡樂的阿宅跟花猴，當年到底是怎麼從相識、相戀，進而一路發展到步入婚姻的？所以既然如此，那麼接下來這幾篇文章就當作是幫大家解解惑，順便也來聊聊我跟花猴那段很不羅曼蒂克的羅曼史吧！

不過話可要先說在前頭，看完後如果有覺得：「蛤?!就這樣哦？？」或是「齁~很失望耶！」這類感想的話，在此我先向各位鞠個躬、道個歉，然後也請你們默默的放在心裡就好，不需要還特地不嫌麻煩的跑到我部落格或ＦＢ去留言酸我。畢竟你們要知道啊，這些文章可是**一把年紀的我，邊紅著臉兼邊彎著腰撿拾滿地的雞皮疙瘩**，才寫完的耶！

說起我跟花猴邂逅的過程，坦白說其實一點也不浪漫！

基本上，就像很多平凡的情侶或夫妻一樣，我們當時恰巧在同一間公司上班，然後上班時如果碰到面會互相禮貌性的點個頭、笑一下，然後偶爾心情好，也可能會有一搭沒一搭的聊上個兩句，頂多大概就只是這樣吧。

不過我印象很深的是，當我第一次見到這隻小猴子的時候，雖然她的確很正，但是說真的，當下我腦袋裡卻只有一個想法：「**這女孩超……超怪的啦!!**」

我不知道你們是不是也有過類似這樣的經驗？或者是曾經有看過這樣的人？如果是美化過後的說法：「嗯～這女孩渾身上下都散發出一股與眾不同的、既優雅又慵懶的氣質。」但如果是換成直白點的說法呢，就是：「她很『**慢**』！」

你沒看錯！就是慢！而且還是慢到深處無怨尤的那種慢！簡單來說，相較於她，我們所有人好像都活在一個被快轉的世界裡，只有她，總是一個人慢慢的搖頭晃腦、慢慢的微笑，然後走路走得慢也就算了，感覺她的腳甚至根本就是懸空的吧！

她是在飄嗎？不！她應該是在滑……

吼～反正就是一整個莫名其妙＋看不懂啦!!

當下我真的覺得：「**這女的到底是怎麼了？她這麼愛演仙女，幹麻不乾脆點去電視台演啊?!**」

咦咦？？結果，她後來還真的給我去電視台上班耶！

所以你們說說看，這我不去龍山寺前面擺個攤幫人算命，根本就太浪費人才了嘛！是不是是不是！～

雖然一開始我們之間，沒有碰撞出什麼火花來，甚至我還一度覺得她真的很怪又很慢，然後她也覺得我就只是個**話很多又很有催眠效果的小胖子罷了！**

認真說起來，我們兩個根本就是一個老在天上演仙女、一個則是在地上忙著進化（誤）成阿宅，完全是八竿子打不著的兩條平行線啊！

不過這樣的兩個人，後來竟然也隨著共事的時間越來越長，慢慢的也開始越來越熟了。雖然在工作上的交集還是不多，但每次只要兩人剛好在茶水間遇見，就會東拉西扯的聊上老半天。

嗯……不過我承認啦！剛開始的時候，的確大部分的時間都是我在講，然後她就笑著聽。

不過漸漸的，她開始也會跟我聊起關於一些像是工作或感情上的事，而大概也是從那時開始，我對眼前這位老是慢慢飄的女生感到越來越好奇、同時對她的觀感也逐漸有了些微妙的轉變……

我發現她雖然正，**但是對自己似乎卻又不是很有自信**。老是嫌自己這裡胖、那裡肥，要不就是頭太大、腿不夠細……之類的。

還有，雖然她老是愛穿著不那麼適合她的套裝，故意裝作一副很成熟的樣子，**但骨子裡卻又好像蠻幼稚的**。

雖然她話不多，但卻又總是面帶著微笑，並且很認真的聽我扯東扯西扯也不嫌煩……

好吧，雖然我不知道她當時是怎麼想、或是怎麼看我的？但是我知道自己已經對眼前這個女孩開始有了那麼一滴滴的好感了。

不過你們知道嗎？我就覺得老天爺跟月下老人根本就是故意來**衝康**的！正當我們這看似跟浪漫完全扯不上邊的邂逅準備要冒出小小花苞的時候……相當不幸的晴天霹靂就這麼突然的給我打了下來！

沒多久，我們當時共事的那間公司便因為某些因素而迅速的收掉。至於我跟她呢，也只能摸摸鼻子，認命的接受這個從天而降的真情大考驗，然後懷抱著滿滿的不捨（**我啦**）各奔東西去啦！

17 阿宅花猴的情字這條路（中）：實實在在，才是阿宅的浪漫！

後來想想，緣份這件事還真的是很奇妙！雖說我們兩人這一被打散、各奔東西之後，就徹底失聯得像是天人永隔似的。（**畢竟她是仙女，我是凡人嘛～**）

不過忽然就在某一天，我們兩個的頻率又莫名其妙的就對上了……

還記得那天晚上，閒來無事又在網路上亂逛的阿宅我，晃著晃著……突然一個不經意，瞥見螢幕右下角俏皮的跳出了一個ＭＳＮ小視窗……

沒錯！**正是那失聯許久的的小猴子仙女上線啦！**

當下我迅速的掃描一次腦袋裡的正妹資料庫後，很快的便得出一個結論：『**花猴＝正妹**』。哈！那怎麼可以不聊一下呢？是不是～

結果這不聊還好，一聊便猶似千里故人來相會般的欲罷不能兼乾材烈火了呀!!（**咦**）

於是從那天起，只要時間允許，我幾乎都會日日夜夜守著螢幕下方那小小的視窗，並期待她的上線。然後一旦被我堵到，沒什麼好說的，當然就是拉著她天南地北的聊上一大圈。

沒錯！根據我以往的經驗顯示，這心動曖昧初期的聊天內容，可以說是相當重要且深具參考價值的！舉凡這女生愛看、愛聽、愛吃的，喜歡上哪玩、玩什麼，甚至是喜歡男生怎麼對她、又討厭怎麼對她……之類的資訊情報，**在這個還不太有什麼防備心的時期，往往都會抱著一種「反正只是朋友嘛」的心態而毫無保留的暢所欲言、大聊特聊！**（男編輯：沒錯沒錯！**阿宅真厲害！**點頭如搗蒜＋狂抄筆記中～）

這些辛辛苦苦聊來的寶貴資訊，對於日後的追求，甚至是交往過程，其實是非常寶貴的、有著莫大的助益呢！

就像我說的，雖然阿宅我沒人高、沒人帥、沒人有錢、也沒人嘴巴甜！偶像劇裡那些浪漫的橋段我也要不來，唯一有的就只是一顆真心，再加上苦幹實幹、做人實實在在而已。

所以，既然都已經先天不良了，那麼後天的努力自然就要比別人更多、更腳踏實地、更一步一腳印了！

然後，就在經過了這樣一陣子的東拉西扯跟旁敲側擊之後的某一天，這隻在我面前真的很沒仙女包袱的小猴子突然冷不防的跟我聊到：「你知道嗎？其實我很愛吃大腸耶！」

吃大腸？吃大腸？？仙女吃大腸？？？這……這……這會不會太跳TONE了？？啊啊啊！！！

不過沒關係，正所謂「兵來將擋，水來土淹」嘛！於是當下縱然驚魂未定，但阿宅我還是強裝鎮定的回她說：「其實我也很愛耶！而且我剛好還知道一間客家餐館的薑絲大腸很好吃哦！」

猴：「真的嗎？」

宅：「當然是真的啊！要不今天下班我去接妳，然後順便帶妳去嚐嚐？」

於是、結果、就這樣……聰明實在又機靈的阿宅我便靠著這道客家名菜「**薑絲大腸**」，順利把這尾美人猴給騙上鉤啦！**（咦）**

不過，說到這裡我就有氣，其實這幾年來，我一直都揹負著花猴的一項不實指控：

「跟你們說哦，你們知道我家那個笨阿宅有多不浪漫嗎？第一次約會，他竟然是帶我去吃客家菜！客家菜耶!!而且竟然還給我點薑絲大腸耶～齁！怎麼會有這麼不浪漫的人啦?!」……

阿當初明明不就是妳自己說愛吃大腸，我才帶妳去吃的嗎嗎嗎？？？

好啦～算了，反正這些都是後話了。至於接下來呢，大致上就是從那天之後，阿宅跟花猴的感情就這樣漸漸的加溫，正式進入天天講電話、天天傳簡訊、天天接送她上下班、天天下班一起約會吃飯的……「**審核期**」階段。

是的！就是「**審核期**」沒錯！如果你們以為我就可以這麼輕鬆的、僅僅靠著薑絲大腸，就順利擄獲這隻仙猴的心？那麼我只能說，你們實在也太小看了這個內心裡住著一個幼稚園大班女生的仙女了吧！

不過，就如同我前面提到的，在從好不容易重逢到追求的這段過程中，我可是紮實的做足了功課兼學以致用！所以舉凡所有她喜歡的、不喜歡的，以及食衣住行育樂一切相關資訊，一律上窮碧落下黃泉的囊括搜集！

再來甚至還詳盡的做好了關於我自身的SWOT分析！**（註：SWOT分析，即是優勢（Strengths）、劣勢（Weakness）、機會（Opportunities）和威脅（Threats）分析，它是基於企業自身的實力，對比競爭對手，並分析企業外部環境變化影響，可能對企業帶來的機會與企業面臨的挑戰，進而制定企業最佳戰略的方法。）**並擬定好自己的市場區隔跟定位。

是不是！～就說了我們是走腳踏實地兼實實在在的路線嘛。

至於那隻美人猴呢，雖然在這個階段，我約個十次她至少會答應七、八次，電話、簡訊一天也會來回個好幾通，但她卻總讓我有種若即若離，甚至是「**友達以上，戀人未滿**」的感覺。

有一次閒聊時她這麼跟我說：「你知道嗎？我每任男朋友幾乎都是從朋友開始做起的，通常我都要觀察個半年以上，才會決定是不是要跟他交往，你會不會覺得我這樣很龜毛啊？」

「不……不會啊！怎麼會呢……妳這樣很好啊！女孩子本來就應該保護自己，小心點才不會被騙嘛……」

好吧！所以說後來我究竟是靠著什麼樣實實在在的宅式浪漫，才終於順利通過了她的「**審核期**」、並成功擄獲了這隻小猴子的心呢？大家就繼續往下瞧吧。

18 阿宅花猴的情字這條路（下）：阿宅的「真心三合一攻勢」！

雖說在歷經了一連串的邂逅、失散又重逢後，阿宅我總算是靠著薑絲大腸成功的架起了跟花猴之間那愛的橋梁。但就像字面上的意思一樣，這只不過是架起了一座小小又簡陋的橋樑罷了，距離真正追到這位如仙似猴的正妹，其實後頭可還有一大段可歌可泣的感人故事呢！

不過從「**審核期**」到我們正式交往這階段中最為關鍵的轉捩點便是呢，記得有一次在送她回家的路上，她不知怎地突然就撇過頭來呆呆的望著我，然後並用一種相當沒自信的語氣問我：「我問你哦，你相信這世界上會有一輩子都不會變的愛情嗎？」

而那時，我很堅定的這樣回答她：

「我相信！因為相信的本身就是一種力量，不是嗎？

如果妳不先選擇去相信它，那又怎麼會有力量去實現它呢？」

於是，就在說完了這充滿哲理（誤）的一番話後，我心裡同時也默默做了一個決定：無論要花多久的時間，我都要向她證明我不只相信，更要讓她從我身上看見那份一輩子不會變的愛情！

雖然我可能樣樣條件都不如人，但唯有一點，我可是絕對不會輸給別人的。沒錯，就是真心！既然這真心連老天都可能打動了，那更何況是一隻猴呢，是不是？

好，所以我想應該是時候來展開我那媲美二十四孝的『**真心三合一攻勢**』了！

這是什麼碗糕？其實很簡單，完整的說法應該是：『**芭樂＋鮮花＋接送上下班之真心三合一攻勢！**』

是的！就是讓愛吃芭樂的小猴子，每天一早都能有最新鮮的芭樂可以吃！再來還要讓三八阿花猴，每個禮拜一都能收到一束可以跟同事炫耀的鮮花！最後則是要讓這個老是睡過頭的慵懶系仙女，每天都能有從不遲到的專車來接送上下班。

而這套攻勢最大的重點在哪裡你們看出來了嗎？如果你們心裡想的是：「阿不就是切芭樂、送花外加接送上下班，這有什麼稀奇的啊啊啊？？」那我只能說，你們還真是資質駑鈍啊！看書完全沒看到重點！

這重點就是在：每天、每週的這個「**每**」字上面！

每天早起切芭樂、每週準時送束花、每天風雨無阻，從不遲到早退的接送！

就算當時我在廣告公司上班很忙、常要加班。但是我也會先利用吃晚餐的時間去接她下班、送她回家，再一個人乖乖的回公司加班。如果當天晚餐時間還走不開，我也會先跟公司請假去接她吃飯、再送她回家。

然後，無論加班加到多晚，我還是會按時起床切芭樂，並準時出現在她家樓下，接她去上班。

這個「**每**」字，乍看之下好像沒什麼難度，而且就時下偶像劇的標準來看，像這樣千篇一律、不斷repeat的老梗，還真的是一點都不浪漫呀！

不過，正如同我常說的那句Slogan：「是誰說浪漫，就不能實實在在、又非常熱血的啊？」像這樣堅持把一件事情給做到最好、甚至還把它做到天荒地老！換個角度想，不也是一種最實在的浪漫嗎?!

於是呢，就在這樣日復一日又年復一年的「**真心三合一攻勢**」堅持下，阿宅我終於等到那一天了！

還記得那天去給花老母審核並打完分數後，花猴是這麼跟我說的：「花老母跟我說了，她覺得啊~你真的是個很有責任感又讓人很放心的男人耶！」

「所以，那她的意思是？」

「OK啊，她還蠻贊成我跟你交往的囉！」

說真的，其實光是花老母說的「**很讓人很放心**」這五個字，就已經讓我覺得相當值回票價、同時也付出跟堅持的很值得了！因為對我來說，「**放心**」所象徵的其實就是「**信任**」。而信任，不僅僅是情人或夫妻間，同時也是家人之間最重要、也最可貴的一個基礎！

所以換句話說，在這個當下，花老母不只覺得可以放心的把這隻小猴子交給我，同時甚至也已經將我視為她的「**半子**」了……是嗎？是這樣的嗎？是吧？？我想應該是吧?!（**聲音越來越小**）

所以我才總愛把那句老話給掛在嘴邊嘛！是不是~人在做、天在看，真心真的是可以感動天的啊！

雖然我跟花猴之間，一開始並沒有驚心動魄或驚天動地的夢幻邂逅，然後中途還莫名其妙的失散了好多年。但說真的，就像冥冥之中自有安排似的，或者該說……這時代，有網路真好呀！不是嗎？如果不是網路讓我們兩個重逢，更進而聊著聊著聊出興趣跟感情來的話，那麼或許我們就真的會變成兩條一輩子都不會再有任何交集的平行線了！

不過當然啦，也得多虧我傻歸傻，但至少還想得出這個「**真心三合一攻勢**」，同時也懂得把它堅持做到開花結果。縱然我們這段從邂逅到交往的故事的確並不怎麼浪漫，也沒有太多的高潮起伏與愛恨情仇（**誤**）。但想想，最真實的愛情不就是這樣嘛！或許它不像偶像劇裡那樣令人心醉神迷，但是像這樣踏踏實實的愛情，其實才是我一直渴望並追求的。

好啦，雖然多年後想起來，還是有點像在做夢一樣，不過重點是，**我真的追到了一個幼稚園大班唸了N年的仙女了耶！**哈哈哈!!

19 為什麼正妹應該愛宅男？

我想關於這個問題，應該有不少女生都是抱持著否定的態度吧？不過，我覺得這也是沒辦法的事，畢竟大多數的女生對於宅男或多或少都存在著一些不好的觀感甚至刻板印象。

舉一些比較常見的例子來說，大概就像是宅男的外型普遍不優、不吸引人、個性木訥又無趣、只愛窩在電腦前、不愛出門、老是活在自己的世界裡、總愛講一堆聽不懂的火星話、生活裡不是3C、動漫就是遊戲，還有不知是打哪來的自信？往往都自我感覺良好到讓旁人受不了！這樣。

嗯……怎會不講則已，一講就是一大串咧？不過我還是要先聲明一下：首先，並非所有宅男都這樣。

再來，如果換個角度想，就算真是這樣的宅男好了，其實也是有他們的可愛之處啊，雖然少了亮眼的裝扮與外表，但未必不會是枚未經琢磨的璞玉；雖然個性木訥不討喜、又不愛出門趴趴走，但相對不易招蜂引蝶的他們交往起來反而可以讓妳更安心、更有安全感；至於其他那些興趣跟嗜好，往好處看，不也代表他們仍保有一顆純真的赤子之心嗎？

就像我常說的，有時候我覺得人生其實還蠻公平的！如果妳一心只想交到一個多金又帥氣的花美男，那麼就請別奢望他的桃花很少、不會成天有一堆妹主動黏上來！如果妳希望男友是個風趣幽默又浪漫的陽光型男，那麼就請別奢望全天下只有妳一個女生懂得他的迷人和幽默，不會老是有女生藉機接近他、跟他告白。

我知道舉這樣的例子或許極端了點，不過其實我想表達的是，我覺得女生們應該還是要先有一個觀念，畢竟沒有人的人生是真的可以十全十美的，很多時候我們都必須去做出取捨，但只要獲得的遠比捨去的多、讓妳覺得更值得的話，那不就很完美了嗎？

更何況，我發現「**宅男**」這字眼，現在真的被濫用得太嚴重了！就拿阿宅我親身的經歷來說吧，雖然我的確對動漫、電玩跟3C、攝影這些都很喜歡，也略懂一些，不過若真的要說到「**宅**」呢，其實我還真的未夠班哪！

基本上，我講不完整套鋼彈的歷史，也背不出假面騎士變身或火影放大絕的口訣，然後也沒辦法將周星星的電影旁白給倒背如流，甚至連魔獸跟星海都沒打過！即使是暗黑也只玩過電腦單機版的而已……

所以你們說說看，弱成這樣的我怎麼夠格稱得上是「**宅男**」呢？但是我家那隻小猴子每次都這樣吐槽我：「屁咧！你不再要狡辯了，你每天都宅在家不出門，明明就超宅的啊！」是不是？我就說了！這正是對宅男定義的不求甚解和誤用濫用了嘛！

如果是用現在包括小猴子在內的大多數人的定義：只要時常宅在家、不愛出門趴趴走，這樣就是「**宅**」的話，那麼好吧，我承認，我是很宅沒錯！不過話說回來，其實我也是跟她在一起之後，才一步步逐漸被她給「**宅化**」的！

想當初我們正式交往後，除了工作以外的時間，**我不是跟花猴在一起，就是在前往接送花猴的路上！**所以如果不是希望能有更多時間可以陪在她身邊，我又怎麼會時常忍痛拒絕朋友的邀約、捨棄出門飲酒作樂的大好機會（**咦**）呢?!所以我才說：「我這不叫宅，對於這樣的行為，我把它稱之為『**戀家宅**』。」

就像我身邊有些男性友人，往往到了某個年紀或是某個人生階段時，就會漸漸對「**家**」產生一股越來越濃的眷戀。即使出國住進五星級飯店，但心裡卻老是會覺得飯店那又大又軟的高級床鋪，怎麼睡就是比不上家裡那張舊床來得舒坦！就算再高檔的衛浴設備，還是不如家裡的舊蓮蓬頭來得順手好用！無論是去到哪裡，見到什麼有趣的、吃到什麼好料的，心裡想著念著的，也都只會是家裡的那個她！

所以這樣看下來，妳們不覺得愛上一個「**戀家宅**」其實也蠻不錯的嗎？不是有句俗話說得好：「**戀家的宅宅最可愛**」嗎？

別問我這句俗話是打哪來的，因為正所謂俗話往往都是不可考的！而我要說的重點是，如果妳身邊已經有了一個「**戀家宅**」，那麼恭喜妳！也請妳好好珍惜他。但如果還沒有的話呢？那就趕緊去找一個！要不就是像我家這隻小猴子一樣，慢慢把妳身邊的浪子收伏成一隻金不換的「**戀家宅**」吧！

20 阿宅定律1：正妹無敵，正妹吃什麼、做什麼，都是可愛的！

其實，阿宅除了靠著「**真心三合一攻勢**」之外，真正贏得了花猴+花老母的信賴與青睞，另外還有一個同樣也相當重要的部分，就是：**觀念**。

正確的觀念，不僅在追求愛情的過程裡、甚至是一整個愛情當中，都有著舉足輕重的地位！所以接下來，我就來分享一下當年讓我很受用的一些觀念和5個相當實用的小定律吧。

首先說這個：『**正妹無敵，正妹吃什麼、做什麼，都是可愛的！**』定律，我相信對於絕大多數的男性朋友來說，應該都頗有同感吧？

不過一定會有很多姐姐妹妹出來吐槽：「那長得不正的怎麼辦？難道就吃什麼、做什麼都是討人厭的嗎?!」

當然不是這樣！正所謂情人眼裡出西施嘛，所以這裡所謂正與不正的分別，自然就是在於喜不喜歡或愛不愛的差別而已，而不是妳到底長得像志玲姐姐還是如花呀？

如果他夠愛妳，妳在他心目中就是最美的！如果他對妳嫌東嫌西的，相信我，他其實沒那麼喜歡妳，離開他會比較好。

這個定律的精髓，其實就是要提醒各位男士們，當你心儀的女生哪天突然跟你說想吃什麼怪怪的食物，或當著你的面做出什麼匪夷所思的行為時，請記得要沉的住氣、別傻眼！更不要草率地說出或做出任何不宜的回應或舉動。

因為你們要知道，常常我們男生覺得無傷大雅的小事，對女生們來說，**卻是足以大大扣分的大事呀！**

就拿阿宅我自己來說好了，當初我跟花猴因為那道客家名菜薑絲大腸才建立起我們之間的愛的橋梁，但你們有想過嗎？如果當時我聽到她說愛吃大腸時的反應竟然是：「蛤？？好好笑喔！大腸不是臭臭的嗎?!」

那別說第一次約會能不能約到了，搞不好從此我在她心中就單純的變成只是個討人厭的白目鬼而已！

更何況，除了大腸之外，這小猴子愛吃的跳Tone食物可多了呢！舉凡大蒜、雞皮、雞屁股、臭豆腐、臭臭鍋……反正感覺就是口味越重兼越「臭」的，她就越愛啦！

再說到一些匪夷所思的行為，她更是不在話下的拿手！

比方說，像是不管什麼東西都老愛往冰箱裡塞！管它是面膜、保養品還是醬油或手機。**（咦?!）**然後逛街也不好好逛，一會兒唱唱跳跳、一會兒又亂弄亂玩我，活像隻停不下來的小猴子！甚至就連去逛個大賣場，她也能買上一堆看上去漂漂亮亮，卻應該一輩子都用不到的調味料和鍋碗瓢盆……

現在想想，真的覺得還好我是打從心底認同這個：『**正妹無敵。正妹吃什麼、做什麼，都是可愛的！**』定律，所以當下我才能非常非常鎮定＋淡定的回她說：「好啊！沒關係，其實我覺得妳這樣很可愛耶！」是不是是不是~成熟又有智慧的男人本來就應該要這樣嘛！

你們要知道喔，通常像我家小猴子這款幼稚型的女生，最討厭的就是被管、被唸、被阻止了！所以想要馴服她最好的辦法就是：

順著她的毛摸，並且真心由衷的多多對她說：「**妳真的很可愛耶！**」

21 阿宅定律2：正妹的要求，都是剛好。正妹住再遠，都有順路！

緊接著說到的這第二個定律，坦白說，這正是我當初追求花猴時最常用的招數（？）之一。雖說這定律乍看之下，似乎不過只是一種順水推舟的藉口，不過這裡頭可是大有學問的呢。

我知道有時候男生口中的「**順路**」的確還蠻誇張的！就像我當年跟花猴還在交往的時候，我住東區，我們上班的地方剛好也都離東區很近，不過當她告訴我她住永和的時候呢，沒錯！我當下仍是毫不猶豫的回她說：「這樣剛好有順路耶！那還是明天早上我去接妳上班，好不好？」

猴：「這……這樣有順路嗎？？」

宅：「順！當然順啊！我們甚至還可以順路繞去永和豆漿吃個早餐呢！有沒有~是不是超順的！」

不過說真的，我這其實還只能算是小兒科而已啦！像阿宅一個朋友跟他女友，一個住台北、一個住桃園，還不也是一路從學生時代「**順路**」接送到出社會工作！像他這樣才稱得上是偉大吧？是不是！

不過，就像我說的，男生之所以願意這樣做，除了一方面是體貼，擔心女生會累著之外；另一方面，其實也是希望能有多一點的時間可以和自己喜歡的女生相處嘛。

同理可證之，即使是再怎麼千奇百怪的要求，往往只要能博得心儀女生一笑，這些對男生來說也都只是剛好而已啦！

就拿從小總是養尊處優、很少做家事（**誤**）的阿宅我來說，自從跟小猴子在一起之後，我不但學會了怎麼把芭樂給切得漂亮，更學會了怎麼挑選吃起來硬又脆的芭樂！甚至還一路從家電達人、室內設計師、監工、水電工包辦到專屬攝影師……有時候想想，我還真的覺得愛情的確能激發出男人無窮無盡的潛能呢！

不過正所謂**歡喜做，甘願受**，只要這些「**順路**」跟「**剛好**」，能讓我們心儀的女生們感受到猶如被捧在手心中呵護般的幸福，那麼這一切就都值得了！畢竟能看見自己心愛的人快樂，我們自己也會感到很快樂，不是嗎？

更何況，就像我常說的：「人在做，不只天在看，其實女生們也在看。」你的辛苦、你的付出、你的心甘情願、你的無怨無悔、任勞任怨，其實她們通通都看在眼裡的。

22 阿宅定律3：東西可以亂吃，承諾不能亂給。

你們知道嗎？其實打從很久以前開始，我就對身邊女生們這樣的指控感到相當不服氣：「我說你們男生都是一個樣啦！追求人家的時侯，一個個可勤的咧！接送啦、送花啊、吃喝玩樂外加小禮物呀，樣樣都不少！一整個就是有求必應。然後等被你們騙到手之後呢，就開始理由藉口一大堆了，不是今天要加班、就是身體不舒服、要不就是股票賠了、最近手頭很緊……奇怪了？那之前在追的時候，怎麼就都不會有這些問題呀？」

說真的，我相信這樣的男生的確不少，但是女生呢？是不是也有不少女生，交往前後同樣也是差很大的呢？

交往前，溫柔體貼、三從四德、乖巧貼心，完全就是男人的夢中情人典型！交往後呢？愛吵愛鬧又愛盧、能躺絕不坐、能坐絕不站、能素顏絕不上妝……根本就是**假少女、真阿桑嘛！**

我想，畢竟我們不可能永遠處於熱戀期、永遠只想表現出自己最完美的一面給對方看。當愛情慢慢進入生活之後、當我們發現光憑談情說愛要浪漫不足以過生活的時候，或許相對理性的男生就會開始做出一些調整跟改變，雖然確實也有可能是他們真的變懶了，但無論如何，我還是要再強調一次，**真的並不是每個變得比較實際的男人，當初都是為了要把妳們騙到手而使出前面的伎倆呀！**

我還記得就連我家這隻小猴子也不例外，當我們交往了一陣之子後的某一天，她冷不防的對我說了類似的話：「雖然你現在真的對我很好，可是我覺得只要一過了熱戀期之後，你一定就會開始變得越來越懶、甚至動不動就對我不耐煩，反正你們男生都是這樣啦！」

「我才不會咧！」

「最好是不會啦！要不你敢保證還是敢發誓嗎？蛤～」

結果我只能說呢——**漂亮！小猴子的這招激將法使得還真是漂亮呀！**於是就為了賭這口氣，從此只要敢答應她的事，我就一定會做到！而且一旦開始做了，就一定要給它做到無止無盡兼地老天荒的程度啦！

沒錯！所以承諾的重點不在於多遠大或多夢幻，而是做得到和不會變！

就好比如果當初花猴對我說的是：「我以後想要住帝寶，然後每天出門還要有司機開賓士接送。」

說真的，那我當下應該也會毫不猶豫的回她說：「我覺得妳……要不要考慮去找郭台銘啊？」不過還好她說的是：「其實我不懂車，也不在意自己男友開什麼車，只要能遮風避雨跟願意常常來載我，這樣就很滿足啦。」

是不是～所以我才說，供不起每天一碗魚翅給她漱口沒關係，但一天一盒芭樂絕對沒問題！開不起雙B戴她遊車河也沒關係，但天天接送她上下班絕對沒問題！買不起「外雙C」讓她揹去公司臭屁沒關係，但至少每週送束花讓同事羨慕她絕對沒問題！

因為與其逞一時之快亂答應，日後再來被貼上沒誠意、爛男人的標籤，還不如老老實實的把自己能力範圍內的事給做到日久見人心、路遙知馬力。

正如同阿宅定律之三說的：

「東西可以亂吃，承諾不能亂給。敢講敢答應，就要做好堅持做到天荒地老的決心！」

而且，最後還有一點你們一定要知道的是：這亂吃東西，大不了就吃壞肚子拉一拉就過去了，但如果是亂給承諾呢，一個不小心可是會把你給搞到一敗塗地兼信用破產的啊！

就像那則我們從小唸到大的寓言故事的結局一樣，哪天當你再怎麼聲嘶力竭地大喊：「**郎來了～郎來了～**」的時候，不僅很可能不會再有**咩**肯相信你或理你，甚至更慘的是……你還可能得眼睜睜地看著面前的**咩**跟別的**郎**一個個成雙成對、各自帶開，獨留你一個孤伶伶地望著、嚎叫著並唱著：「丫嗚～我是一匹來自荒野的郎呀～」（**咦咦咦？？？**）

23 阿宅定律4：時間，是人擠出來的。

是的！這正是阿宅我奉為圭臬的定律（**或是觀念**）之一：「**時間，是人擠出來的**。**不是沒時間，而是你願不願意有時間！**」

如果大家用力地去給它好好想一想，就會發現這觀念不僅僅適用於愛情裡，甚至是親情、友情，乃至於工作中都同樣能令我們受用無窮！

有時候我真的會這麼覺得，我們人終其一生，其實都不斷地跟時間在賽跑，所以如果你問我：「這世界上什麼最會跑、又最難被追到？」我會說，**除了正妹，再來就是時間啦！**

而且你們知道嗎？正所謂無巧不成書，其實這兩者之間還真的是頗有淵源跟關連的呢。

怎麼說呢？若是依照我個人的經驗的話，想追到你心儀的正妹的先決條件之一，就是你得先跑到時間前面！由你來掌控時間，而不是被時間給牽著鼻子走。

比方說，如果今天你正在追求的正妹問你：「你今天可以來接我下班嗎？」

「對不起，我今天沒時間耶。」

「為什麼？」

「因為我今天跟同事約好要去唱歌。」

「所以跟同事去唱歌比接我下班還重要?!」

OK!~投手投出正中直球，但打擊者說他要先去唱歌，沒時間來揮棒，球數顯示為一好球、零壞球！

又或者，正妹今晚剛好心血來潮，興沖沖的撥了通電話給你：「喂，人家突然想吃宵夜耶！」

「可是我正在忙，走不開耶。」

「是哦……那你在忙什麼啊？」

「跟我們公會的人解任務打王囉！」

「所以打電動比陪老娘還重要?!」

抱歉！投手又一記正中直球，但打擊者持續發呆中，球數顯示為二好、零壞！

至於三記好球代表著什麼？我想應該就不用我再多廢話了吧！

是啊，不只打棒球會被三振出局，追女生其實也是。如果該你站上打擊位置揮棒的時候，你還自顧自的忙著待在休息區裡吃便當！或是該專心盯著球好好打擊的時候，你卻還低著頭在看自己的鞋帶有沒有綁好？完全沒留意到好球已經一記又一記的從你身旁呼嘯而過，那麼說真的，你不被三振誰該被三振啊?!

就阿宅我自己來說，打從決心追求花猴到交往的這段過程中，由於我始終都是秉持著「不

只乳溝可以擠，時間也是擠一下就有了！」的最高指導原則，所以如果同樣是上述那兩個例子，換做是當時的我，必定是優先去接送她回家以及陪她吃完宵夜，然後如果還來得及的話，我才會再去赴同事跟戰友們的約，這樣～

雖然這樣難免會去擠壓到玩樂、休息，甚至是睡眠的時間，但是你們知道嗎？當女生們在投出這一記記好球的同時，心態上往往就像部隊裡的教育班長老愛吼的：「**合理的要求是訓練，不合理的要求是磨練，同時更是一種考驗！**」那些看似任性的行為，有時候其實只是她們想藉此來得知自己在你心中的地位，以及重要程度的順位，如此而已。

所以懂了嗎？當下次投手又準備投出正中直球的時候，先趕緊站上打擊位置，看準球並用力地給它揮出去就對了！

別急著去想自己到底有沒有時間？而是該好好想想要怎麼去擠出時間！

如果你希望讓她知道，你確實將她擺在自己心目中最重要的那個位置的話，那麼首先你該做的就是，用行動去讓她看見：「**只要是為了妳，我隨時都有時間！**」

24

阿宅定律5：愛她，就別怕寵壞她！

自從阿宅跟花猴交往以來，三不五時就會有一些對於我們之間相處模式一知半解的朋友，滿腹狐疑的這樣問我：「欸！你這樣溺愛你們家那隻小猴子，難道真的都不怕寵壞了她？哪天被她爬到你頭上撒尿嗎?!」

說真的，我還真的一點都不擔心呢！原因其實很簡單，因為我家這隻小猴子其實已經進化得相當文明了！無論是要大小便還是怎樣，她都會乖乖去上廁所，絕對不會爬到我頭上……咦?!你不是問我這個啊？？？

好啦，我的意思是，其實我不但很相信她，同時也很相信自己沒有看錯人和愛錯人！而說到這裡，就不得不再來分享一下阿宅定律之五：『**愛她，就別怕寵壞她！**』

正如我所說的，我們必須先選擇相信，然後才能有力量去做。一旦你選擇去相信她是個值得愛、也值得你付出一切的女孩時，那麼你心裡想的就不會是「**如果把她給寵壞了，怎麼辦？**」，或者是「**如果哪一天她不愛我了，怎麼辦？**」而應該是「**我要怎麼讓她更開心，也讓自己能夠因為她的開心而變得更開心？**」應該是問自己這樣的問題吧！

就像我之前曾經認識一對足以媲美電影「史密斯任務」的情侶檔，呃……當然我說的並不是指外型，而是說他們兩人彼此諜對諜的程度真的很誇張！雖然在我們這群好朋友眼中看來，這兩位大明星（誤）心裡根本就愛對方愛得半死，但妙的是他們老是誰也不讓誰！整天吵吵鬧鬧也就算了，兩個人還超愛動不動就搞失蹤或故意不接對方電話，一副深怕被對方給吃得死死或壓落底的模樣！

記得有一次，這位男生當著我們所有人的面，相當威風地對電話那頭的女友說：「喂！明天晚上我跟朋友要去××夜店玩，我們不是說好以後都各玩各的，所以先跟妳說一聲，免得不小心在同一間店遇到就尷尬了！」

掛了電話後，男生便對我們說：「她說她明天剛好要跟朋友去另一間夜店玩，要我玩得開心點呢~呵呵！」

結果，到了當天晚上，當我們一夥人才剛踏進那間店時，竟然就意外的看見他女友和她的朋友們老早就已經在裡面了！當下只見這男生一臉不爽的走上前去說：「不是說好了各玩各的嗎？妳幹麻也跑來這裡啊?!」

「沒辦法啊，就我朋友她們說比較想來這裡嘛！」

「真的是這樣嗎？算了！那反正我們還是各玩各的，就當作沒看到對方好了！」

「好啊！」

有沒有！就說了我這位朋友相當威風又帥氣了吧！

不過……畢竟這好景往往總是不長的。沒多久，我就發現這位男生老是一副心神不寧又坐立難安的模樣，緊接著他甚至更朝向舞池中的一群男男女女走去，然後對著當中正和某位男生忘情熱舞的女友說：「那個……妳不是說今天要睡我家？那我們要幾點閃人啊？」

「我等等可能還要跟他們去吃宵夜耶！」

「是哦？……那要不我跟你們一起去好了？……」

喂！！！阿剛剛不是很威風，還一直repeat說要各玩各的！那現在是怎樣？才沒多久，史密斯任務就不演了！現在是「老虎、老鼠，傻傻分不清」哦?!唉~

不過後來，其實我也問過這位男生：「你們老是這樣諜對諜的，真的都不會累的哦？」

「沒辦法啊！這女人寵不得的嘛！如果哪天真的被她佔了上風，到時候開始對我予取予求，那我不就糗了？」

「你會不會想太多啊?!不然就兩個人都別這樣鬥來鬥去的、好好在一起不是比較開心嗎？」

「不行啦！如果我先低頭的話，那不就代表我輸了嘛！」

輸……輸你個大頭鬼啦！~吼！坦白說，我還真的不懂這些人的愛情裡，到底哪來這麼多輸贏、算計和誰佔上風誰佔下風的問題啊?!

正所謂「疑人不愛，愛人不疑」，既然選擇了愛她，就應該要相信她！既然相信她，那就不應該再浪費心力去擔心會不會把她給寵過了頭，不是嗎?!否則，乾脆就一開始連愛都別去愛，這樣不是還更省事嗎？

所以我才說：「**愛她，就別怕寵壞她！**」相信她值得，同時也是相信你自己的眼光和選擇。

有時候愛情，需要的是一股義無反顧的勇氣，而不是爾虞我詐的心計。

或許我們看不見未來的結局是否圓滿，但至少能努力地去讓當下的每一刻都過得幸福而美滿，這樣想不是也比較輕鬆嗎？

25 愛人，還是被愛好？

雖然說這問題是一個老到不能再老的經典考古題！而且坦白說，我個人其實也覺得很難得出一個絕對正確的答案。不過，在這裡我還是想試著整理出一些比較不一樣，或者說希望多少能有點助益的觀點來跟大家分享。

想想好像打從情竇初開時，我們就掉進了一個不斷「**猜來猜去**」的過程裡──猜對方會不會剛好也注意到你？猜對方會不會剛好也喜歡你？猜對方會不會接受你的追求和告白？甚至到了交往後，又要開始猜到底是自己愛對方多一些、還是對方愛自己多一點？猜對方到底是不是真心的？猜對方是不是真的只愛你一個？而就在這些不斷的不安、猜測與確定的循環中，雙方似乎也漸漸形成了某種強勢對決弱勢的拉鋸關係。

有時候我不禁會想，難道在愛情的世界裡，當真就如那首老歌（**誤**）唱的一樣：「被愛是幸福，愛人是痛苦」嗎？

就拿我一位長得就一副韓系花美男模樣的朋友來說吧！

打從年輕時認識他開始，他身邊女友就一個接一個的從沒斷過，而且不僅總是在愛情裡佔上風，甚至每任女友都還將他視為神一般的存在！
坦白說，一開始我還蠻納悶的，畢竟天下帥哥何止千千萬萬個？雖然我也承認他的確頗帥，**但卻不認為真有帥到能稱神的境界！**
直到到後來我才慢慢發現，原來除了外貌佔優勢之外，他真正的厲害之處其實就在於他那強大的洗腦催眠術！
沒錯！就是**洗腦兼催眠**！記得我曾經問過他：「到底為什麼你歷任女友都這麼崇拜你啊？」
「因為她們都覺得我是全世界最帥、最好的男朋友啊！」
「×！她們是中邪了嗎?!」
「錯！是中了我的催眠術。」
「**什麼鬼？**」
「不是鬼，是耳濡目染！反正我就天天在她們耳邊不斷灌輸『**我最帥、我最好、今天哪個女生又跟我告白、昨天哪個女生又說想嫁給我**』之類的，久而久之這些就成了她們根深蒂固的信念了。」
「你這樣害她們，對你到底有什麼好處啊？」
「當然有啊！這樣她們就會覺得是自己高攀了我，然後自然就凡事都對我言聽計從囉！」
「×……我只能說算你狠啦！」

不過，就在過了幾年後的某一個晚上，這位神（誤）突然寵召我出去藉酒澆愁一番！那晚他看起來相當沮喪的對我說：「你知道嗎？雖然表面上看起來，被愛好像比愛人來得輕鬆，但事實上，其實受人崇拜也是一種很大的壓力呢！」

「喂！我說你這不是標準的得了便宜還賣乖嘛?!」

「真的不是啦！或許剛開始確實會覺得被愛很輕鬆也很飄飄然，但隨著日子越久，越是要滿足那些被愛的期待，我甚至得時常逼著自己去扮演一個不太像自己的『**完美形象**』，你懂這種壓力嗎？」

「那你為什麼不試著去愛對方多一些呢？」

「來不及了吧！你知道一直以來我之所以會那樣做，其實是因為我很沒安全感嗎？而且，我甚至常常都覺得很空虛。雖然在大家眼中，我是個很懂得怎麼去享受被愛的人，但老實說，我知道自己根本就是一個不懂得怎麼愛人的人。」

後來我常在想，如果被愛是幸福，那他又為何會如此的沮喪呢？

還是說，在被愛是幸福的另一面，伴隨而來的可能是一股不得不完美的無形壓力。

相對的，我身邊也有另一類在愛情的世界裡看似總是居於下風的朋友，無論是對待哪一任女友，他總是鞠躬盡瘁、累得半死。但是當我問他老是扮演愛人的這一方真的都不會感到辛苦、甚至是痛苦嗎？而他卻只是微笑著回我說：

「累當然是會累啊！不過我覺得心裡被一個人塞得滿滿的感覺，其實是很充實、很滿足，也很幸福的呢！」

所以說，愛人是痛苦與不安，但卻又會讓人矛盾的感到充實與滿足，是這樣嗎？

那麼如果可以自由選擇的話，我們究竟是該選擇站在愛人，還是被愛的那一方呢？

基本上，我覺得雖然這跟每個人的個性其實有著很大的關聯，但無論是選擇愛人或被愛，我認為說穿了其實都不過是個開始罷了。因為到最後，我們所追求不都是你愛我、我愛你，兩個人彼此相愛的最終結局、而不是單單某一方的愛人和付出嗎？

就我個人而言，打從追求花猴開始，我選擇的就是**從愛人的這一方開始努力做起**。

一方面，是我覺得就「愛上一個人」這件事來說，男生還是比女生來得快樂些。另方面，我則是認為反正無論如何，就先從自己開始做起吧！因為我們永遠也無法知道，除了自己以外的另一個人的內心真正想法，所以與其把心思花在猜測對方的想法上，還不如把這些心力用來努力讓對方感受到我們的誠意與愛意，比較實在些。

有時候想想，愛情好像真的沒那麼複雜，與其想一堆有的沒的，不如去做就對了！

26 戀愛讓你更認識自己，也讓幸福認識你。

話說前陣子跟一個許久未碰面的朋友，聊起了某位我們共同認識的女性友人。

「欸，阿宅，你還記得那個某某某嗎？」

「記得，怎麼會不記得？就是那個『**讓人一頭霧水**』小姐嘛！對不對？」

「對對對！就是她！那你最近還有跟她聯絡嗎？」

「沒耶，怎麼了？」

「唉，還不就又是老樣子嘛！」

「不會吧？我記得最後一次跟她聯絡時，還聽說她總算遇見心目中的白馬王子了，不是過得相當美滿嗎？」

「美滿個頭啦！後來那個**白馬王子**被她嫌得跟個**白雪公主**似的！」

「白……白雪公主……？？」

「對啊！反正她就一直說那男的根本就是個嬌生慣養的媽寶呀！」

說起我們這位女性朋友，她之所以會讓我們這麼一頭霧水的原因，簡單來說就是我們實在看不懂她到底是怎麼在談戀愛的？

在我們眼中看來，她的條件雖然不至於太遜，但卻也稱不上是很優，但她卻有著不知打哪來的自信？以及相當符合她自信的高擇偶標準！

相對於她的標準，**我們這一群朋友在她眼中大概連當白馬王子騎的那匹馬都沒資格吧！**這樣～

對她來說，「王子」一定得長得高瘦斯文又迷人！城堡、馬車、家財萬貫自然不在話下，最好還是血統純正、不折不扣的富二代！

至於個性呢？倒是並未列入她的擇偶條件裡，但每次分手，偏偏都是為了個性這個相同的原因。

還記得有一次，我曾經語重心長的跟她聊過：「既然妳對他有這麼多的不滿跟抱怨，那為何不乾脆就分手算了？」

「因為我很怕寂寞啊，我不喜歡身邊沒有人陪的感覺。」

「可是妳沒發現就是因為這樣，所以妳不但每段感情到了後面都談得很痛苦，而且也因為急著找到下一個新男友，然後每次都看得不夠清楚就又一頭栽進去了嗎？」

「不會啊！我都看得很清楚耶，我歷任男友至少都蠻吻合我的擇偶條件啊！」

「如果是這樣的話，那為什麼每次交往一陣子後，妳就會開始嫌東嫌西呢？」

「大概是因為我運氣不好，情路坎坷之類的吧？」

「並不是好嘛！我覺得是妳根本就不夠認識自己，所以才不知道什麼才是真正最適合妳的啦！」

就像我常跟人說的，我從來不覺得失戀是可怕或可恨的，重點是我們能不能從每段戀愛的過程中去學習到更多從前不懂的事？

可能是讓你學會更懂得打扮、也可能是開車技術變得更好了，甚至是更懂得怎麼去愛人。同時還能從這些失敗的經驗中去更認識自己，並且更清楚什麼才是你最想要跟最適合你的。

就像前面提到的這位女性友人，明明都已經失敗那麼多次了，她卻始終沒有學到任何教訓，也沒發現自己那套愛情觀跟態度其實根本是行不通的！

我常在想，如果她能多認識自己一點，或許怕寂寞的她就會知道自己要的根本不是一個難伺候的王子，而是一個體貼入微的呵護與陪伴。

說真的，其實不只是她，我常常都覺得很感嘆，為什麼身邊總會有這麼多人不時都在怨嘆：**「我的標準其實很低啊，為什麼我總是遇不到好男人？」**、**「我都那麼用力追她了，為什麼她連看都不看我一眼？」**、**「反正男生都只愛正妹啦！我就是不夠正才會被他甩啦！」**、**「反正有錢帥一百倍啦！我就是太窮才會被她拋棄啦！」**諸如此類……

你們知道嗎？其實每次我都很想這麼回他們：

「你們到底有沒有好好的、用力的去認識過自己啊？妳說妳的標準很低，那麼，妳的標準是來自於林志玲、孫芸芸、如花的，還是妳自己的呢？你說用盡全力去追她，那麼你有沒有想過，其實你們根本就不適合，再努力也是白搭？妳說男生都只愛正妹，那麼妳有沒有想過，或許是因為妳的個性太糟糕，就算再正他也不可能會喜歡妳?!你說女人都只愛小開，那麼你有沒有想過，是你根本不懂得好好愛一個人，就算你再有錢，又有誰敢愛你呢?!……」

這個天底下，真的沒有這麼完美的人生！又要血統純正的富二代，又要溫柔體貼、個性一百分！又要童顏、又要巨乳；又要善解人意、又要勤儉持家；又要三從四德、又要火辣性感！如果真有這樣的對象，那他／她為什麼不去娶孫芸芸或嫁給郭台銘？而是選擇妳／你呢？

醒醒吧，全天下的宅宅跟公主們！

一個不認識自己的人，怎麼有辦法更愛自己？

一個不懂愛自己的人，又如何能夠去愛別人？

從今天開始，試著將你們的每一段戀愛都當作是一場修行與學習，好好的從認識自己開始做起吧！

因為只有當你越認識自己，你才越能看見自己真正的優點和缺點。才能知道要怎麼去修正自己的缺點，並讓自己的優點變得更可愛，然後你就會知道自己需要的是什麼、不需要的又是什麼？真正重要的是什麼、可以捨棄的又是什麼了？

在這個世界上，每個人都想認識幸福，卻不是每個人都願意先去認識自己。

如果說愛情是一場學習，幸福是你的最終目標，那麼或許我們就該把每段戀愛，都當做是教導我們如何能愛得更幸福的老師，透過一次次的戀愛，按部就班的築夢踏實。

那些戀愛教我們的事，其實就是你先認識自己，幸福才能認識你。

27 「捨得」「捨」、「得」。愛情，其實就是一連串的捨與得。

多年前曾待過的一間公司的老前輩，某次在大夥兒聊天時突然有感而發的說了這麼一句話：「捨得，捨、得，有捨就有得，有得必有捨。人生，說穿了不就是這樣嘛，就是一連串的捨與得哪！」雖然在當下，我們一群小夥子各個都聽得似懂非懂，只覺得嗯～感覺好像還蠻有人生哲理的！

不過，就在跟他慢慢的越來越熟識、也聽了更多關於他的故事後，我才發現這句話的確很有道理。

就跟很多年輕的創意人一樣，這位老前輩在年輕時，也曾過了好多年用犧牲陪伴家人的時間，去拼得許多響亮頭銜與廣告獎項的日子。

不過就在一次跳槽的前夕，他臨時婉拒了一家大外商公司的邀請，毅然決定來到這間歷史悠久的本土公司任職。

記得當時他是這麼跟我說的：「那時候外界很多人都覺得他這樣的決定很傻，畢竟外商的光環很閃亮、薪水也很優渥，但其實他只是很單純的想讓自己往後能有更多時間陪陪老婆跟小孩，就這樣而已。」

後來每每看著他興高采烈的談起那雙引以為傲的兒女時，我都能感受到當下的他真的很滿足，那是一種不帶半點遺憾與不捨的滿足。

雖然他捨去了一些光環與財富，但卻得以兼顧他的家庭與親情。而這不就正如他說的那句話：「人生，就是要有捨才會有得，有得就必須有所捨。」

人生是如此，愛情又何嘗不是呢？就像幾個大家時常會提起的問題：

在愛情裡，究竟是要找一個妳愛他比較多、還是他愛妳更多的對象？在兩個人的關係中，到底應該是妳當他的女神，還是他扮演妳的太陽？妳心目中的那個他，究竟應該是風趣幽默，還是木訥老實？你理想中的那個她，到底應該是又正又辣，還是溫良賢淑？

其實無論是哪個答案，或許都沒有絕對的對或錯吧？因為這種種的選擇，就如同前面所談到的，其實都只是單純的捨與得，如此而已。

就像阿宅的一位朋友，想當年正青春，大家都還貪玩愛把妹的時候，他就已經有了一個看起來相當樸素，很適合擺在家裡、卻不太適合帶去夜店玩耍的、穩定交往中的女友。

那時候無論是男生或女生的朋友大家都覺得很納悶，畢竟以他的外型跟條件來說，他其實可以很輕鬆的就吸引到不少打扮得很辣，甚至帶出門還相當威風的夜店辣妹，但他卻沒有選擇那些辣妹。

我曾經問過他：「難道你對那些夜店辣妹真的一點都不會心動嗎？」

「嗯……多少難免還是會啦，不過看看就好囉！」

「為什麼？如果你想要的話，應該不難交到啊！」

「因為我知道那不是我想要的啊！」

「那你想要的究竟是什麼？」

「我想要的哦……就像我女朋友一樣啊！能夠讓我很安心、可以給我一段很穩定的關係，就這樣囉！」

「可是這樣，你不會覺得很可惜嗎？」

「可惜？不會啊！**反正不過就是取捨嘛！我得到我想要的，然後少了一些我覺得不是那麼重要的，這樣其實很公平啊！**」

是啊！如果按照他這樣的想法，其實人生真的還蠻很公平的！因為就算你是天之驕子或天仙美女，也不可能全天下的好處都被你一個人給佔盡嘛！

就像那句俗諺「有一好，沒兩好。」無論是人生或愛情，我們都不可能去要求樣樣好，因為它們本來就是由一連串的捨與得所串連起來的結果啊！

就拿阿宅跟花猴兩個人來說吧，從我還在追求她的時候，她就曾經跟我說：

「其實我沒那麼在意男生的外表，我比較在意他到底對我好不好？」

然後到了我們總算開始交往後，她又告訴我：

「我不會在意你賺的錢多不多，只要夠支付我們日常生活開銷就好了，但是我比較在意的是你有沒有時間能常陪在我身邊，跟我一起看韓劇，或是偶爾帶我出去約個小會。」

至於我呢，雖然得到了跟仙女交往的機會，但難免也會感到不安，甚至是擔心旁人質疑的目光（**咦咦**），然後還必需加倍辛勤地去付出並努力，讓她能夠心甘情願的留在我身邊。又因為我喜歡她老是少根筋＋沒心眼的個性，以及總是像個幼稚園大班女生那樣童趣的傻呼呼模樣，所以我也必需一併接收她那些偶一為之的小任性、小脾氣、小白目和小白癡（**誤**）的生活小災難。

而這一連串不斷在捨與得之間作出的取捨與選擇，其實不就是最真實的愛情嗎？

若是舉幾個比較極端的例子來比喻的話，就像如果妳希望另一半的長相，足以媲美傑尼斯偶像、飛輪海或是Super Junior，那就請別奢望他會毫無異性緣，全世界只有妳懂他的帥。

妳得以滿足虛榮感，但或許便得捨去部分安全感。

如果妳希望另一半事業成功、生意興隆、月入數百萬，那就請別奢望他能天天準時回家吃晚飯、從來不用應酬、也絕不踏入聲色場所。

妳得以滿足物質上的充足，但或許也得捨去部分心靈上的富足與習慣孤獨。

在愛情的世界裡，從應該選擇什麼樣的對象，到追求、交往及相處的各個階段與過程中，我們都必需不斷地面對許許多多的岔路與取捨。

捨得、捨得，有捨就有得，有得必有捨，愛情說穿了不就是一連串的捨與得嗎？所以或許我們應該認真思考的是，什麼才是我們真正想要的？而什麼又是我們必須去勇敢面對與承擔的？

在愛情裡真正可惜跟可怕的，不是你捨去了什麼，而是不知道自己要的是什麼。

28 值得、不值得？在愛情的這面鏡子裡，你看見了什麼？

記得在學生時期，我曾經認識過這麼一位男性友人，他長得雖然稱不上頂帥，不過穿著打扮倒是蠻有型的。而且重點是，只要有他在的場合，必定是歡笑聲不斷，場子給他熱到一個不行。

簡單來說，對於大夥兒而言，他就是個玩樂聚會不可或缺的開心果一枚。

於是類似的情景，總是不時在我們朋友間的聚會重複上演著：

往往前一秒還是冷颼颼的場子，下一秒就只見他滿場飛，逗得大家樂不可支！然後不意外的，現場女生們的目光也全都被吸引到他身上去了。

當時甚至還常常聽見身邊有女生這麼說：「剛開始真的覺得他一點都不帥，不過笑著笑著……好像就會莫名其妙的覺得『**他其實也蠻不錯的嘛**』。」

所以縱使他的長相，並非那種會讓女生一見鍾情的標準帥哥模樣，但憑著他能言善道、愛說笑、兼不怕醜又耍寶的優勢，他身邊的女友也是從沒間斷過。

那時候別說是平凡如阿宅我了，就連幾個**出了名是靠臉吃飯的帥哥朋友們**，對他也是既羨慕又敬佩。就像人家說的：「有自信的男人最帥氣。」更何況這位仁兄的好笑還幫他加了一堆分呢！

然而這樣的他，就在後來交了一個女朋友後，徹底的變成了另一個人！

我發現他不僅不再愛說笑了，而且甚至連臉上都很少有笑容！後來我忍不住問他，但他也只是淡淡的回我說：「因為我女朋友希望我能穩重點。」

好吧，或許他真的遇見他的「**真愛**」了、也或許他真的長大了，希望自己可以成為一個成熟穩重、值得他女友依靠的男人，當時我是這麼想的。

不過，讓我比較難以理解跟接受的是，後來即使他們都已經交往兩三年了，但他女友卻始終不准他對外提起她是他女友這件事！甚至就算是偶然在夜店遇見，他也會很有默契的當做是兩枚陌生人，默默地跟她擦身而過。

記得後來有一次，我遠遠的就看見他一個人靠在吧台邊喝著悶酒，等到走近後才發現，他的那位「**真愛**」幾乎是緊靠著他的背，然後正跟另一個男生在打情罵俏！而且還隨著酒越喝越多，打情罵俏的舉止就變本加厲的越來越親密了起來……

「欸，這太誇張了吧！你不敢管，我來幫你管好了！」

「你別管啦！就只是朋友而已嘛，你就當沒看見，繼續陪我喝酒就好了。」

「抱歉！這我真的沒辦法……算了！眼不見為淨，我要先回去了，唉～」

後來包括我在內，幾乎我們每個朋友都曾苦口婆心的勸過他，要他趕緊跟這位女朋友分手！但就像後來總算落得被劈腿狠甩下場的他對我們說的：

「那時候，我簡直就像是鬼遮眼了！明明知道大家都是為了我好才這麼說的，但卻怎麼也聽不進去。然後也明明很清楚自己已經一天比一天更不像自己、也越來越不開心跟痛苦了，但卻說什麼也離不開她。」

還記得後來跟他聊起這段往事，我曾經這麼對他說過：

「其實我相信在每段感情裡，或多或少都存在著一些必需去妥協與改變的部份。這些妥協與改變，或許是為了讓對方得到更多的信賴和安心，但如果卻因此而讓自己變得不快樂、不討人喜歡，甚至沒自信，那這樣真的值得嗎？對兩個相愛的人來說，所有的妥協與改變，應該都是為了讓兩個人能夠更開心才對吧！」

妥協，並不代表必需完全的捨棄自我，畢竟當初對方就是因為你某些與眾不同的特質才會被你吸引並愛上你，但如果因為一昧的妥協，結果連這些當初她愛上你的理由也都在不知不覺中給捨棄掉了，那麼這個你，還是當初她愛上的那個你嗎？

如果說愛情就像是一面鏡子。那麼裡頭映照出來的，理應是兩個人快樂的模樣。

有人說：「**我們是因為害怕寂寞，所以才相愛。**」

那麼若是你的愛情已經成為一面看不見自己的鏡子時，這樣既孤獨又寂寞的景象，不就跟人們所追求的愛情完全背道而馳嗎？

它，真的還值得你捨棄自我與快樂去交換嗎？

在一段幸福的關係中，兩個人往往都必需有所妥協、改變，甚至犧牲，但同時卻也不能忘了自己之所以迷人的特質，更不能忽略了一段快樂且圓滿的關係，必需是兩個人共同創造出來的！

我想，如果兩個人都能在妥協與自我這一進一退之間，同時感到安心、自在與開心，那麼或許這對你們而言便是一種最理想的平衡！

而你們愛情的那面鏡子裡，所映照出來的才會是兩個人既自信又快樂的模樣吧！

29 情人間的同理心：你不喜歡別人怎麼對你，就別那麼對他！

小時候我時常在想一件事情：「為什麼人就是沒辦法知道另一個人在想什麼呢？」因為如果知道的話，那我們不就可以避免去做出一些讓對方傷心或難過的事?!相反的，也能順著對方的想法，去做一些讓她開心跟能逗他笑的事嗎？

不過想想，除非我能有讀心術之類的特異功能，否則像這般天真的想法，自然是不可能中的不可能呀呀呀！

不過，就在隨著年齡漸漸增長跟經歷過一些事情之後，有一天我突然想起了小時候在課本上曾經讀過的一句話：「己所不欲，勿施於人。」我想這句話應該是無人不知，無人不曉的吧？但即使如此，卻又有多少人能時時放在心上，而且還真的能做到呢？

或許，你會說這句話哪有什麼了不起的，套句現在大家總愛掛在嘴邊的說法，不就是同理心嘛！

對！就是這樣，不過我會選擇用更白話的說法來講它：「**你不喜歡別人怎樣對你，就別那**

樣對別人。」

簡單舉幾個例子來說吧！就好比如果妳知道被人劈腿，心會很痛，那為什麼妳還要劈腿、去傷害別人？又如果你很氣女友總是喜歡看帥哥、討論帥哥，那你自己是否又在臉書加了一堆正妹為朋友、整天追蹤正妹的動態、常常跟朋友對正妹品頭論足呢？如果妳很痛恨男友跟別的女人搞曖昧，那妳又為何有男友還裝單身、不拒絕其他人的追求，還老愛在ＦＢ或網路上跟其他男人打情罵俏呢？還有，如果你不能忍受女友和別的男人上床，那你又為何覺得上酒店玩女人不過是男人的逢場作戲、不需要太苛責呢？

就像我身邊曾經有過一位這樣的男性友人，簡而言之，他在愛情的世界裡完全就是個唯我獨尊、自我、自私到一個不行的太上皇！

基本上，他對歷任女友從髮型、妝容、穿著風格，甚至到指甲油該塗什麼顏色都有諸多要求和嫌棄！對女友管教甚嚴，不准她穿得太露、也不准她跟別的男生出門，甚至不准她和任何雄性動物有所接觸。

但同時，他自己卻三天兩頭就跑夜店、上酒店，劈腿劈得不亦樂乎。問他為什麼要這樣？他卻說他只是單純的認為對女方的要求、女方為他做的、對他的配合，基本上都只是「**應該的**」！

但反觀他呢，卻似乎並不覺得自己也「**應該**」要為對方做些什麼或遵守些什麼，因為他是男人耶！男人跟女人本來就不一樣！不能相提並論。

到最後，還好這些女友總算都醒了過來，也都紛紛毅然決然地選擇跟他分手，投向其他好男人的溫暖懷抱。

而每次被提出分手之後，他卻又開始四處找人訴苦：「我這麼愛她，她怎麼可以這麼無情?!她怎麼可以背叛我、這麼殘酷的對待我啊?!你知道嗎？我真的被傷得好重！我的心好痛哪！」

呃，這……他儼然一副被害者的姿態是怎樣?!當初那個威風的加害者又到哪去了?!

別說是男生了，其實就連女生也是一樣的。

我就曾聽過身邊有個女性友人對我這麼怨嘆：「你說說看啊！這天底下的好男人是都死光了嗎？要嘛不是跑去當別人的老公、要嘛就是跑去當Gay啦?!」

「好好好……妳先別激動，那按照妳的看法，那些都死光的好男人到底應該是什麼樣子啊？」

「就是有經濟基礎又很有責任感，然後婚後能讓我不用出去辛苦工作的啊！」

「那需要有車子或房子嗎？」

「當然都要有啊，這樣比較有保障！」

「嗯……那長相咧？」

「你不覺得只要像大部分的Gay那樣超帥、超有型又超有品味，就差不多了嗎？」

說真的，其實當下我真的很想問這位女生說：「**妳現在當自己是在演流星花園哦?!**」而且當她在開出這一堆又一堆的條件之前，我不知道她是否有想過，如果今天對方也對她開出一大串清單來一一檢視的話，那她又作何感想呢？

或許女生們會說，這些要求沒有很過分吧？身為一個男人，養家餬口、讓老婆無憂無慮並且衣食無缺，不是最基本的嗎？

但真的是這樣嗎？真的嗎?!其實仔細想想，從來就沒有任何一條法律規定男生就一定得獨自承擔養家的責任吧？而且話再說回來，如果有一天，當這些責任全都必需由女生自己一個人來承擔時，妳會不會覺得很辛苦、壓力很沉重呢？那妳還會敢結婚嗎？

記得當時跟花猴在交往的時候，我就不止一次對她說：「雖然我們沒辦法知道對方現在正在想什麼，但至少我們可以知道，自己喜歡什麼、討厭什麼和害怕什麼吧？所以當我們決定要向對方做任何一件事，或說任何一句話之前，都應該要先試著靜下心來問問自己，如果今天對方也對我做出同樣的事、或說出同樣的話，我是會感到心痛還是幸福？是傷心還是快樂？這樣或許我們就能知道，什麼是該做與不該做的、而什麼又是能說與不能說的了！不是嗎？」

或許在愛情的世界裡，並不存在著絕對可以幸福的定律或是真正的公平，但是如果我們都能在要求對方和抱怨對方之前，先靜下心來想想「**情人間的同理心**」、「**你不喜歡別人怎樣對你，就別那樣對別人**」……這些我認為是**情人相處之居家必備良言**的話，那麼或許我們的愛情就能變得更和諧也更幸福！然後或許，妳也會更容易、更順利地找到屬於妳的那個他了。

30 戀愛麥計較之：男人，愛計較。

我在想，或許是因為跟花猴交往後，受到她少根筋個性影響的緣故吧？對於身邊三不五時就會有朋友把感情拿來秤斤論兩的計較，只差沒有拿把尺出來量一量這種事，我不但感到很莫名所以，也蠻無奈的。

我覺得生活裡需要我們去計較的事情已經夠多了，今天油價漲了多少？電費又漲了多少？物價一直飆漲，薪水什麼時候才會漲？

還有，諸如我的肝指數、體脂肪、體重、髮量……好多好多！然後如果連應該要能讓人安心跟開心的愛情，也得拿來斤斤計較的話，那這樣會不會太累啊?!

但無奈的是，能看清這點的人有多少？能真正做到戀愛麥計較的人又有多少？我想，這或許就跟當年馬克斯的烏托邦主義之所以未能成功是一樣的道理吧？正是因為他忘了把人性給考量進去了。

是啊，說到底，人畢竟都是相當自我的物種，之所以愛計較，說穿了還不是因為人的想法往往都是從自我出發，想的都是自己。**別人如果多做一點，自己就可以偷懶一點；別人如果少**

拿一點，自己就可以得到多一點；別人愛我多一點、付出多一點，我就可以愛的少一點、付出少一點！

就像我認識的一個朋友，記得剛認識的時候就常聽他說自己很倒楣，每次談戀愛最後的結局都是真心換絕情！明明每次他都覺得自己愛得比較深、付出的比較多，可是竟然還會有女生對他說：「你明明就是愛自己比較多，而且還是多很多的那種多好嘛！」

根據我後來跟他相處後的瞭解，沒錯！那女生說的真是太中肯了！

雖然他總是覺得自己愛的跟付出的都比較多，但之所以會產生這樣的錯覺，正是因為他在愛情中總是不停的計較。

像是講到男人的面子問題，如果是一般男生可能希望女生在外人面前好歹能尊他為一家之主、給他面子好做人。

這一點是無可厚非，畢竟我也是男生，我也懂在社會上走跳，總會要面對一些不得不扛起的壓力，所以男生在外面偶爾表現的好像有點大男人的樣子，會希望女生能體諒他們不過就是想做做樣子給其他男性看來羡慕的。

但問題是我這位朋友，他就「**做樣子**」做到太超過了！雖然一起出去，付錢的頻率的確是他比較高，但是他卻老愛當著眾人的面前數落他女友說：「妳知道妳今天讓我花了多少錢嗎？吃那個什麼東西那麼貴！……然後妳生日那個禮物又花了我多少錢！……」之類的。

通常他們剛開始交往的前兩個月都還好，但之後就越來越離譜了！

聽他其中一個前女友是這麼說的：「我真的沒見過比他更愛計較的男生了！一下說我不夠體貼、一下又說我很愛買，我只不過回他說那都是花我自己賺的錢買的，他就惱羞成怒的開始跟我計較什麼他請我的次數比較多之類的，然後他還很愛計較自己家事做得比較多，碗都是他在洗……問題是，飯都是我在煮耶！衣服也都是我在洗的啊！好，然後這些也就算了，到後來他甚至開始計較起我裙子的長度、體重的輕重跟胸部的大小耶！你說離不離譜?!最好是這樣我還受得了他啦！」

所以我才說，男人們哪，這個社會賦予我們的責任、義務跟壓力已經夠多了，生活中需要我們去費心計較的事情也夠讓我們分身乏術了，何苦還要跟身邊最親密的情人計較這些小事呢？

而且仔細想想，相較於我們，女生在這個父系社會下的確也是比較吃虧和不公平的，所以就像小學老師時常叮嚀我們的：「男生要讓女生！讓女生、讓女生、讓女生（摔筆）!!」

與其要在愛情裡去計較那些會令兩個人都感到不開心的鳥事，倒不如多花點心思去計較如何能讓自己多賺點錢、更多點寬容，也讓她能多點笑容，這樣不是比較有意義嗎？

31 戀愛麥計較之：女人，愛計較。

說完了男人，接著我們換成來聊聊女人的計較吧。

說到愛計較這毛病，我相信應該有不少男生都會認為，這根本就是女人的天性嘛！女生才更愛計較好嗎?!

雖然我也覺得這麼說對女生有點不公平，但就我個人過往的幾段戀愛看來，確實是有不少女生很愛比較、比較會計較。

像是不夠浪漫、不夠體貼、不夠細心、不夠積極、不夠有求必應（？）、不夠應有盡有（？？）、不像別人的男朋友那麼好（？？？）……之類的，這樣的怨言常常會掛在嘴邊。

對於這些指控，其中有些我可以諒解，但有些我卻不能認同。畢竟就像我說的，哪個女生會不希望自己男朋友什麼都有、什麼都會、什麼都好、什麼都不奇怪！但是，妳們是否有想過，相對於比較粗枝大葉、沒有妳們心思細膩的男生們而言，這些數落跟計較，不僅是種壓力，而且每當妳提一次，這些話也會像一把把刺在他們男性尊嚴上的利刃呀！

記得花猴曾經說過一個多年前曾短暫共事過的女同事的故事。

簡單來說，這個女生恰好就是前面那篇文章裡的我朋友「**女生版**」。根據花猴的形容，這個女生不僅樣貌、身材頗優，而且工作能力也很強，無論是在公司裡或是外面總是追求者絡繹不絕，而其中自然也不乏一些條件真的還蠻不錯的男生。

但她卻總是抱怨自己老是遇不到一個對的人。甚至還時常對花猴跟其他的女同事這麼說：「其實我真的好羨慕妳們，妳們的男朋友都好好哦！哪像我交來交去都是些這裡缺一點、那裡少一些的怪人啊！」

是啊！在她眼中看來，她曾交往過的男生都是些不盡完美的對象，至於完美的男生，好像都早早就被其他女生給佔走了，導致她只能在一堆不完美的男生中很委屈地挑過來、選過去。

吼！~我說事實最好是像她講的這樣啦！說穿了，她的問題根本就是：

「**她只看得見別人的缺點，卻看不見他們的努力呀呀呀！！**」

不是曾有人說過，「**在愛情裡，沒有一百分的情人，只有五十分的兩個人**」嗎？

那些在我們旁人眼中看來令人稱羨的美滿愛情，往往都是經過兩個人如鴨子划水般的努力與調適後的結果，絕不可能是生來就天造地設、天作之合、還完美無缺到可以不勞而獲的！那恐怕只有童話故事裡才存在吧！

好，那麼反觀這位「**追求完美，近乎苛求**」的小姐呢，一開始的標準拉得很高也就算了，反正就當她條件好，眼光自然高吧！

但問題是，在她的辭典裡好像真的沒有「知足常樂」這句話呢！那時候花猴跟我說，到後來她其實還蠻怕跟這個女生聊天的，因為**就算男主角一直換來換去，但女主角的旁白就像跳針一樣，來來去去幾乎都是那幾句！**

反正不是抱怨她男友薪水太少、不夠大方，就是計較他學歷不夠高、工作沒她好。

遇到專情的，就嫌人家不夠浪漫、愛管又愛黏！

換了個風趣又有情趣的，又說對方老愛跟別的女生搞曖昧，讓她很沒有安全感！

好不容易總算有了一個讓她沒什麼好嫌的，又說他太聽媽媽的話，愛他媽比愛她還要多！就連男生上廁所忘記掀馬桶蓋，也能被她拿出來嫌個半死。

哦，對了！還聽說她很愛在自己男朋友面前說類似這樣的話：「那個誰誰誰的男朋友就不會像你這樣，然後誰誰誰的老公不止比你會賺錢，對他老婆也比你大方多了！還有，某某男生對他女朋友超好的，你要多學學人家的浪漫跟貼心嘛！」

坦白說，以同樣身為一個男人的立場來看上述那些話，這……**完全就是犯了男人的大忌！並且還是狠狠的踩爆了男人的地雷的愚蠢行為呀！**

沒錯！正所謂有時候語言，遠比任何一種武器還要來得更有殺傷力。

愛計較，已經夠讓人不開心了，更何況還老是拿別的男生來比較！這不只是傷男人的心，更是把他的尊嚴和面子丟在地上踩一樣狠心哪！

更何況，如果在她的愛情裡始終都是抱怨多於讚美、計較多過體諒的話，那這樣到底還有什麼好值得愛的呢？（**我是指女的**）

不過話又說回來了，我也不是不能理解女生難免會對男生有一種恨鐵不成鋼、好還要更好的期待！但如果這些期待能夠多以鼓勵的方式，而非用計較、比較或是抱怨來表達的話，這樣會不會比較不傷感情、也更有效呢？

就像我們從小聽到大的，父母師長對小朋友應該要施行愛的教育、以鼓勵代替責罵。而男生說穿了，其實就像個永遠長不大的小男孩一樣，所以或許試著去多看看他的優點、少計較一些他的缺點。

愛了，就別計較了！這樣你們的愛情，才能健健康康又快快樂樂的成長，不是嗎？

32 戀愛要計較之：阿宅花猴，愛計較！

我在想，後來之所以能夠成功打動花猴，讓她願意跟我正式交往的兩大關鍵，簡單來說，一個是「**勤**」；另一個應該就是「**懶**」。

「**勤**」嘛，自然就是先前曾經說過的「**真心三合一攻勢**」；而「**懶**」呢，則是無論大小事，我真的真的都很懶得跟她計較囉！

不過話說在前頭，大家可別誤以為我所謂的懶得跟她計較，是指那種「**懶得跟她一般見識**」或是「**大人不記小猴過**」、「**唯小人與女子難養也**」的輕蔑看法和態度喔！

相反的，我對她的態度可是充滿了無限的包容與寵愛呢。

沒錯，就是寵愛！但絕不是溺愛哦！因為在我的認知裡，**寵愛所代表的是一種有原則的禮讓**、**體貼**、**尊重與疼愛**，而**溺愛則是毫無原則的盲從**、**退讓**、**縱容與妥協**。

而且說真的，如果真是那樣無止境的溺愛的話，我想我們應該也走不到現在，頂多交往個二個月就玩完了吧？

但是話說回來，其實我也不是完全不會跟她計較任何事的，只不過通常我會計較的事情大概都像是有沒有睡飽、會不會太累、薪水夠不夠用或是心情好不好、最近好像笑得比較少之類的。至於她的一些**小缺點**，在我看來幾乎都是些瑕不掩瑜的生活情趣！（咦）而且，有時候其實只要換個角度看，某些缺點似乎也能夠成為可愛的優點呢。

就好比最多人時常問我的：「你家花猴這麼愛亂亂買，你真的都不會不高興或是唸她嗎？」

會！怎麼不會?!

坦白說，剛開始跟她交往時，我還真的曾被她那豪邁的買法和手筆給嚇到過！只不過後來當我發現她愛買歸愛買，但還是會控制在自己的能力範圍內，不至於跑去當卡奴或是敗家敗到傾家蕩產後，我也漸漸覺得她這樣「**花點小錢，就能買到幸福**」的行為，其實還蠻可愛的嘛！

另外像是偶爾耍耍小任性、鬧鬧小脾氣，或是碎唸一下我不夠浪漫、嘴巴不夠甜之類的，反正放她玩個五分鐘，她就又會笑嘻嘻的跑來撒嬌了，想想這不也是一種增添生活情趣的小遊戲嗎？

所以我才會常常跟身邊的朋友說：「在感情關係裡，與其花那麼多心力去計較對方的付出與種種，倒不如把這些時間跟心力，用來思考該如何讓自己變得更好、同時也讓對方感到更滿足與更快樂上頭嘛！」

就像每次只要有人問我究竟喜歡花猴哪一點時，我都會回答：「沒錯！我不否認當初會追求她，就是因為她真的很正！但後來之所以會愛上她、跟她結婚，甚至能走到今天，則是因為她那老是少根筋又傻呼呼的個性，然後神經很大條又愛成天傻笑，凡事都不愛跟人計較的開朗本性。」

現在回想起來，其實在跟花猴交往之前，阿宅我原本也是很ㄍㄧㄣ的一個人，甚至也常常會在心裡默默地計較，諸如：「**為什麼對方總是付出那麼少？她會不會根本就是想佔我便宜啊？**」

但跟花猴在一起之後，漸漸的，我發現自己好像也被花猴那粗神經的白目性格給薰陶跟影響了，變得懶得去想那麼多、算那麼精，反正只要兩個人能開開心心的，誰付出多一點或少一點，好像也沒那麼重要了嘛！

是啊，計較那麼多，真的會比較快樂嗎？畢竟在每個人的心中，理性與感性永遠立於天平的兩個極端，不斷地在競逐拉扯著。

當理性大於感性時，人就會漸漸變得無情。

而當感性大過於理性時，我們的心也會變得更加的溫暖。

在這個世界上，你唯一有可能可以完全掌控的，其實就只有你自己而已。

所以與其要去計較一個你永遠無法掌控的對方，倒不如去計較你到底還能努力的做些什麼吧？至於對方是否會有相對的付出與回應，雖然我們不能替他決定，但我們至少能從中瞭解到自己的付出到底值不值得？是該放手還是該繼續？

愛情，原本就不是一件能被量化的事情。如果成天都在計較究竟是妳愛我多一些，還是我愛妳多一點？到底是妳付出比較多，還是我付出比妳多？那麼即使有再多的情愛，也會被這些理性的精算給耗損殆盡了！

對於現在的我而言，我只想去計較自己還能不能再多付出一些！計較如何能讓花猴笑得更多、更燦爛一點！因為我發現當你真心愛上一個人的時候，只要看見她笑，你也會不由自主的跟著一起微笑；只要看見她開心，你的心也會莫名的升起一股暖流。

而我們理想中的愛情，不正是像這樣既溫暖又能讓人感到快樂的玩意兒嗎？

愛計較，就別愛了；愛了，就別計較！

33 每個女人心中都住了一個幼稚園大班的女生，尤其是正妹！

我時常對身邊的男性友人說，在一段日趨穩定的感情關係裡，男生要扮演的角色其實是相當多元的。

首先，自然是一位稱職的好男友！不管是浪漫滿屋、溫馨接送情，還是任勞任怨的台籍男傭（咦咦），視女方需要，我們都必需盡可能地去滿足她們。

再來則是要能扮演一個善解人意的姊妹淘（閨中密友？），要陪著她盡情的玩耍、打鬧、說長道短、講八卦或者陪看一堆婆媽偶像劇，讓她能夠毫無壓力、任性的做自己。

然後有時還得充當她的哥哥爸爸真偉大，打從心底接受她的一切幼稚行為……

說到阿宅我從小到大跟這麼多女生交手過的最大心得，尤其是最後這隻讓我賭上一生幸福的小猴子，我發現無論外表看上去是多麼清新脫俗跟不食人間煙火、或是如何的正經嚴肅和不苟言笑，基本上，只要是兩個人的關係越來越穩定之後，她們在你面前的幼稚程度跟頻率，絕對會跟著成正比的攀升！

所以，這也是我經常奉勸宅宅朋友們千萬別傻傻搞不清楚的一大重點！

是的！我的意思就是說，**大家可別被女生們的外表給騙啦！其實說穿了，她們骨子裡根本就全都是幼稚鬼啊啊啊！！！**

姑且先不提我此生遇到最大號的那隻幼稚鬼好了，記得在學生時代，我就曾經傻傻的吃過女生的這種虧（**誤**）。

當時，那個女生在學校裡可是出了名的一朵空谷幽蘭，像這麼有靈氣的女生，想追求她自然就得投其所好的和她聊聊村上春樹或是尼采、沙特。

然後一開始，我這溫文儒雅又有點內涵的阿宅刻意走假文青路線來接近她，似乎使得還蠻奏效的，但就在我總算順利的追到她，同時也交往了一陣子之後呢，我才發現……我的假文青路線一整個錯慘了！原來我一心認定的空谷幽蘭靈氣美女應該要喜歡什麼、聊什麼，結果根本就是大錯特錯呀～！

相較於村上春樹，她其實更愛看雙星奇緣！比起尼采、沙特，她更迷戀那隻沒長嘴的凱蒂喵！而平時在外人面前總是輕聲細語又大家閨秀的空谷幽蘭，換做在內人（**我**）面前時，就會瞬間返老還童成一律只使用娃娃音＋疊字來溝通的幼稚女童一枚！

記得有一次，我上一秒還在自顧自的跟她聊著「海邊的卡夫卡」真的不錯看，結果下一秒她卻雞同鴨講的跟我說：

「小白好可愛哦！比鼻你看嘛～小白真的超Q的啦！」

「小……小白?!……什麼小白？」

「就牠啊！你看，小白好～可愛哦！」空谷幽蘭指著路邊阿桑牽著的小白狗。

「不好意思，牠叫東東，不是小白哦！」阿桑很客氣的笑說。

「……小白來！你怎麼會這麼可愛呀～」空谷幽蘭啟動無視阿桑模式。

「欸，人家都說了牠叫東東耶……」

「……小白！過來姐姐這裡嘛！小白～」空谷幽蘭啟動無視阿桑＋阿宅模式。

「東東來！東東過來馬麻這邊哦！」阿桑的爭鬥心正式被燃起！

結果，「小白」、「東東」、「小白小白」、「東東東東」、「小白小白小白」、「東東東東東東」……**（阿宅恨不能啟動直接鑽進地洞模式）**

說真的，如果不是後來我硬把她給拉走，我真的不知道這一老一少到底還會在那邊小白、東東到什麼時候?!

唉！不過問題是，這亂幫路邊小狗狗取名字的行為，不是只有小學生才會有的嗎？為什麼？？到底是為什麼這落差可以這麼大啊！明明全校師生都視為空谷幽蘭的女生，怎麼會到了我面前就變成硬要把東東叫成小白的幼稚小學生哪？～吼!!

不過，正所謂久病成良醫，當我慢慢的夜路走多、幼稚鬼也遇多了之後，甚至最後還遇到一隻心智年齡大概只有幼稚園大班女生程度的小猴子後，我竟然也漸漸歸納出一套理論來了！

那就是啊～

其實在男女關係裡，幼稚，可是件相當值得驕傲的事呢！

這話怎麼說呢？呃～難道大家都沒發現？其實在一段穩定的感情關係裡，對方的幼稚程度，可是跟她的安全感、安心程度成正比的耶！

如果她能對你感到越安心，她在你面前就會越肆無忌憚的耍幼稚！

你能讓她感到越安心，她便會越放心的將她心裡那個小女孩給放出來讓你看見、跟你做朋友！

好像真的是這樣，沒錯吧！要不然我問妳們，難道妳們會對初次見面的朋友或師長，會用ㄋㄞ到不行的娃娃音嬌嗔著說：「人家肚子餓餓～帶人家去吃飯飯嘛！」

會嗎？會嗎？？不會嘛！是不是！所以我才說，除非她覺得自己是處於一段極度安心的關係裡，或是正面對一個能令她感到無比安心的對象時，她才敢讓自己很安心的卸下一切防衛和面具，回復到最純真又最不做作的幼稚鬼狀態！

所以說，以後當你們的女友突如其來的出現一些幼稚舉動或言語時，記得千萬不要不耐煩、也千萬別嗤之以鼻！想想阿宅我說過的這段話，你們更應該好好珍惜眼前這樣的女友！這代表她跟你在一起是多麼的安心舒適啊！

她越幼稚，就代表她越安心。

她越幼稚，你就應該越驕傲。

34 每個男人心中都住了一個永遠長不大的男孩，無論他幾歲！

那麼接下來，類似的題目，我們再換成來瞧瞧男生是怎麼樣的吧？

雖然說剛開始我確實不太能接受這樣的指控，不過隨著被花猴嘲笑久了，**我的羞恥心好像也跟著漸漸地被消磨殆盡了！**咦咦？不是這樣講的吧？應該是說，在她的鼓勵之下，我也越來越能勇敢的去面對自己內心最真實的那一面了。

就像大家都曾經聽過的那句話：**「每個男人的內心都住著一個永遠長不大的小男孩。」**

而且我後來還發現到，身邊根本就有一堆長不大的小男孩！

像我之前公司的一位男同事，在他還沒跟後來那位女友交往之前，我對他的印象始終就是一個既聰明又精明幹練、又頂天立地的鐵錚錚漢子一枚！

尤其是他那低沉又富磁性的嗓音，不僅充滿威嚴，而且還MAN到一個不行！

但是……自從他交了那位嬌滴滴的女友之後，一切就都變了！

是的！就像那句俗話說的「百煉鋼成繞指柔」！每次只要他女友一通電話打來，就算前一秒他還正經八百的跟我在談著嚴肅的公事，但一轉眼，他的雙聲道就會瞬間切換成娃娃音模式：

「北鼻，怎麼啦？有有有，我當然有在想妳呀！等等拱公買麥當當去給妳吃好不好？乖嘛～啾！～」

啾？啾?!……**你到底是在啾個什麼勁啦！～你是硬漢捏!!**

如果他只是變成小男孩我還能理解，但為什麼要這麼娘？？！！為什麼呀?!

好，我相信在各位身邊應該也有不少像這樣的朋友，然後每次只要看見或聽見他們對著自己的另一半像個孩子般的撒嬌，或是用娃娃音跟電話另一頭的情人ㄋㄞ個不停時，你就會冒出一把火，恨不得從頭給他巴下去！甚至還會邊巴邊罵：

「不要這麼噁爛可不可以！超做作的啦，你這娘砲！」

但是大家知道嗎？後來慢慢的看習慣之後，我反而認為像這樣，搞不好才是他們真正最真實和最不做作的表現呢！只是因為隨著年齡增長，社會歷練越來越豐富，才會讓他逐漸把自己心裡頭的那扇門給關得越來越緊，然後同時也讓心裡那個小男孩，漸漸被自己給遺忘了。

像我也不否認，自從跟花猴交往後，我的小男孩人格就越來越外顯了！

反正只要在她身邊，什麼職場上的專業形象通通都可以丟掉！無論我是要卯起來耍白爛，還是全程用娃娃音跟喵咪對話，或是大聲亂唱自己編的歌，都能感到無比的自在。

甚至興致來了，還可以趁她上廁所或洗澡時，跑去狂關她廁所的燈，讓她在一片漆黑中一邊摸黑擦屁屁、洗澎澎，一邊罵我是幼稚鬼！

不過在此要先提醒大家一點，就是這遊戲醋咪歸醋咪，卻存在相當大的被報復回來的風險哦！**（撥頭髮）**

看到這裡，我想或許有些朋友會覺得，只不過是談個戀愛而已，幹嘛要搞得這麼幼稚啊～你們！

關於這個問題，我只能說：男生本來就是這樣的嘛！

就連宅老北都已經七老八十了，還不是只要找不到宅老木，或是打電話她沒接到，就會一個人在那兒自顧自的耍脾氣、使性子的鬧上大半天。

所以阿宅我才說：「**每個男人心中都住了一個永遠長不大的小男孩，無論他幾歲！**」

而且我後來發現，往往只要一離開花猴身邊到外面去的時候，我又得戴上面具，假扮成一個穩重又得體的「大人」了！雖然說在社會上或職場裡，扮好大人的角色似乎是個必要的生存手段，但是大家難道不覺得，扮大人真的很累嗎？

所以當有一天，我們終於找到一個只要回到她身邊，就能讓我們感到安心、讓我們卸除所有的防備、忘掉在外面遭遇的一切挫折與無奈的那個女生時，這樣的幼稚，不是一件很幸福的事嗎？

能有多幼稚，就有多安心！

妳的他、你的她，幼稚嗎？

能擁有一個讓你可以安心地耍幼稚的她，是幸福的！能成為一個讓她放心耍幼稚的你，是驕傲的！

所以下次，當你身邊的友人又露出小不屑的神情並且碎嘴說：「厚～你們怎麼這麼噁爛啦?!這麼幼稚、這麼做作！……」的時候呢，記得要這樣回他們哦！

我幼稚，是因為她讓我安心。

她幼稚，則是我最大的驕傲。

Chapter Ⅳ

相處後的互相學習

35 只有更好，沒有最好。

前陣子，我跟花猴大大的吵了一架！

是的，其實就跟大多數人一樣，我們也只是一對平凡的夫妻，我們的生活裡同樣會有好的時候、也會有不好的時候；會有同仇敵愾的時候，當然也會有因為意見相左而爭吵的時候。

其實我一直都相信，**在愛情的世界中，絕對沒有十全十美的完美對象！只有最適合跟你一直走下去的那個他或她。**

雖然總是有許多朋友時常跟我說，他們好羨慕甚至忌妒我跟花猴的生活、以及所擁有的幸福！但其實我跟花猴心裡都很明白，關於愛情，我們還有好多好多需要學習的，畢竟在愛情裡，「**從來沒有最好，只有更好！**」不是嗎？

還記得吵架那天，事情是這樣發生的：

她興高采烈地跑來跟我說：「欸！我老公，剛剛我跟那個誰誰在討論去美國遊學的事耶！」

「去美國遊學？？」

「對啊，而且她還說她美國的阿姨家可以讓我們借住半年呢！」

「半年?!所以妳打算去半年？？什麼時候要去？？」

「她說她原本是計劃明年就要去囉。」

「明……明年……?!妳有沒有想過自己已經結婚了，不像她無牽無掛的，單身一個人，想幹嘛就幹嘛?!」

「可是，去美國遊學是我一直以來的夢想啊！難道結了婚就不能做自己喜歡做的事嗎?!」

「我不是跟妳說過，結婚不只是兩個人的事，還是兩家子的事，就算我答應，那我爸媽和妳媽那邊要怎麼交代？而且還有……」

就這樣，於是最後她很用力的吼了我一句：「我真的不需要再多一個老媽啦!!」

而同時，我也這麼對她吼了回去：「我只是希望妳在做任何決定之前，能先和我商量一下啊!!」

是啊，我總是以為她天生少根筋，凡事想得太少、決定得太快，往往一件事情都還沒想清楚，就先做了再說。然而在她眼中的我，卻總是想得太多、決定得太慢，往往一件事等我想清楚了，也沒了當初的熱情跟衝動了。

簡單來說，花猴就是個充滿行動力，但欠缺了嚴謹計劃的執行者；而反觀阿宅我咧，則是個計劃嚴謹，但是卻欠缺了積極行動的思考者。

雖然我總是說，我不喜歡是「被告知」某個決定，這讓我有種不受尊重的感覺，但每當爭執過後靜下心來想想，其實這不正是我自己內心的占有慾及掌控慾在作祟的具體表現嗎？

我們總是很習慣的就將自己認定是好的做法、模式或觀念，硬要去往對方身上套，但往往卻忽略也忘記了，即使再怎麼親密，對方仍是一個獨立的個體，她仍保有獨立思考與付諸行動的權利。

「誰教妳老是少根筋哪！我是妳老公，當然就得時時刻刻在旁邊拉著妳、幫妳踩剎車啊!!」

真是如此嗎？那麼這踩剎車的時機跟標準，是你私自認定的，還是對方也認同呢？

「我會這樣，也是因為愛妳跟關心妳啊！我這還不都是擔心妳之後會受到傷害嘛！」

所以其實我懂預言、會算命，還是我根本就是神！所以能準確預見日後的種種？

坦白點！面對自己內心真正的想法吧！雖然我幾乎事事都順著她、讓著她，但其實在我內心深處，還是相當固執地堅持保留那股掌控的慾望。

反觀我這可愛又樂天的太太呢，一直以來她對於我的任何決定，無論是任性的、幼稚的、她喜歡的或不喜歡的，幾乎總是毫不猶豫的支持並且贊成。

她總是這麼對我說：「反正你那麼聰明又那麼懂事，你想做什麼就去做，不用跟我講啦！」認真想想，至少在這方面，我真的應該好好向她學習，不是嗎？

記得之前曾經有朋友問我：「你們應該也會有吵架的時候吧？那你們都是怎麼處理那些爭執的呢？」

說真的，我並不覺得吵架有什麼不對，甚至也不覺得那就是不好的行為。因為對我來說，吵架其實可以被視為是一種比較激烈的溝通吧！往往在這個時候，一些平常彼此不想說、不敢說，或是不願意說的，反倒都能直截了當並且毫無保留的通通吐露出來。

不過，既然都說了是比較激烈的溝通，那麼爭執的重點，就應該是聚焦在「事情」上，而不該因此而傷了彼此的心或壞了兩人的感情。

就算再怎麼吵，也要努力克制，別讓自己的神經突然斷掉。即使再怎麼火，也要用力的提醒自己什麼不能說、什麼不能做！**如果真覺得自己已經快失控了，那就趕緊找個地方，各自隔離吧！**

最重要的是：爭吵過後，當心情總算平復了，也就該好好檢討並反省了。

就像我前面所寫的一樣，試著站在對方的立場去理解對方的想法，同時也要思考該如何避免往後在同樣的點上再起爭執。

關於愛情，或許我們終其一生都必須持續不斷的學習，無論是阿宅、花猴，或是大家，都應該抱持著這樣的態度：

在愛情的世界裡，永遠只有更好，沒有最好。

36 男女大不同之 花猴金句錄1：別聽男人怎麼說，要看男人怎麼做。

這句花猴打從我們婚前就老掛在嘴邊並時常對我耳提面命的話，從今天起，請男人們都要牢牢記住並好好實踐它！我相信你所想要的幸福，或許便會因此而更靠近你一點。

即使到現在都已經結婚那麼多年了，我家這隻小猴子還是三不五時就會跟身旁的人這樣抱怨我：「妳們知道嗎？說到我家那個笨阿宅啊！真的是宇宙無敵超級霹靂的不懂浪漫耶！他怎麼樣就是學不會說些甜言蜜語來討老娘歡心，或是搞些浪漫的舉動來讓我感到驚喜，真的是徹頭徹尾的一根木頭耶～厚！」

但往往當她抱怨完上述那些不實指控（？）之後，後面一定又會補上這麼一句：「不過～他這個人就是這樣啦！換個角度想，這其實也算是他的優點囉，話不會隨便說出口、承諾也不會亂給，但只要是答應我的，他就一定會做到，而且還會一直做下去。」

正如同花猴所說的，我實在是做不來那些偶像劇裡才會出現的浪漫橋段。**我懂得的浪漫，就只是實實在在、憑著一股傻勁做到底的堅持！**

不過後來想想，我太太的這句金玉良言，似乎不僅是她首要的擇偶條件，同時也是她下在我身上的一句很好用的「**咒語**」呢！

因為這句話讓我瞭解到，雖然我不帥、錢賺的也不多，但只要我可以一直堅持的做下去，她便會一直這樣愛著我！

答應她幾點到、答應她天天都會有芭樂吃、答應她過年過節一定會送花、答應每年至少帶她出國玩一次、答應結婚周年一定要請她吃大餐……不過就這些而已。

如果沒有把握做到，就別輕易說出口！但只要答應了，我就一定會堅持做到底。即使得賠上連續吃一個月泡麵的代價，也得勒緊褲帶去拼了命的實踐承諾！

所以說，各位男士們，這樣你們明白了嗎？「別聽男人怎麼說，要看男人怎麼做。」這句話，不僅僅只是女生們的擇偶要件，換個角度看，它更是一個能充分體現我們熱血與鬥志的「**戀愛教戰守則**」啊！

不過相當感嘆的，我總是常常聽見身邊許多宅宅們抱怨說：「為什麼我已經為她做了這麼多，她卻始終感受不到我的心意呢？」其實這個答案非常簡單！我在這邊先約略列舉三個答案給大家參考：

1. 因為，你根本不是她的菜。

2. 因為，你做的根本不是她要的；而她要的你卻給不起。

3. 因為，你做的其實遠遠少於你所抱怨的。

關於第一跟第二個答案，基本上我只能說，當一個女生真的對你有興趣的時候呢，她一定會對你釋出善意的回應；相對的，如果你們每次聊天時，她的反應永遠都是傳說中的正妹三寶「**嗯嗯、呵呵、去洗澡**」的話，那麼除非你重新投胎，否則應該這輩子應該都不可能打動她了啦！

所以，當你遇到這種情況時，我真的誠心誠意地奉勸你，乾脆一點就放棄了吧！因為所謂的「正妹有三寶」，講得精準一點其實就是「**對你完全沒半點興趣的正妹三大法寶**」啊！

但如果你誠實的反省之後，發現答案是上面第三項的話呢，那麼我真的希望你能把我太太這句金玉良言給牢記在心裡，並時時警惕：「**別聽男人怎麼說，要看男人怎麼做。**」在你抱怨對方總是看不見、不了解你的心意之前，先試著認真的想一下，自己真的做得夠多、夠好了嗎？

就像我最常聽見身旁女生對另一半的抱怨就是：「我男友／老公追到前跟追到後，真的差超多的啦！熱戀時千依百順，殷勤獻不停，還外加天天溫馨接送情；等到交往／結婚一段日子之後呢，就變成理由、藉口一大堆，整個人懶得半死、怎麼叫都不動如山！」

所以，很多時候其實並不是對方感受不到我們的心意，**而是對方尚未百分百確定我們的心**

意啊！

或許我們就是學不來偶像劇裡那些花稍浪漫的驚喜招數，但我們還是可以憑著實實在在且堅持到底的熱血態度，去贏得對方的真心。

至於女生們呢，試著把我太太這句：「**別聽男人怎麼說，要看男人怎麼做。**」給時時放在心上，並當作妳們審核男人和擇偶時的首要條件與標準！

少聽、多看，甜言蜜語和漂亮的話說得再多又如何？重點是他到底能做到幾分？

噢！對了，也別忘了要把這句話變成下在他身上的「**幸福咒語**」哦！就像當初我家花猴對我做的一樣，妳要三天兩頭就在他耳邊唸個幾次，直到他認同、接受，並習慣成自然的做到天荒地老。

畢竟幸福是需要兩個擁有共識的人，齊心協力一起去努力追求的，不是嗎？

37 男女大不同之花猴金句錄2：如果沒有我，你要怎麼辦？

再來要說到的這則金句，也是我家花猴最常掛在嘴邊的金玉良言之一。

至於這句話的使用時機呢，通常是在阿宅我偶然耍呆耍笨、突然卡住、並且搞不定某件事情、需要我可愛的老婆大人出馬來幫我解決善後的時候。

在這裡舉幾個簡單的例子，讓大家比較容易瞭解。

【案例一】

場景：某個艷陽高照的晴朗午後、宅猴家的客廳。

情境：阿宅正皺著眉頭，一臉困惑的呆坐在傳真機前。

宅：「我太太！要傳真的文件是正面朝上，還是朝下啊？」

猴：「當然是朝下啊！」

宅：「哦哦～那放好之後，是要先按傳真再按號碼，還是先按號碼再按傳真啊？」
猴：「當然是，先按號碼啊！」

然後過了兩天，同樣是在一個晴朗午後的宅猴家客廳。

宅：「我太太！要傳真的文件是正面朝上，還是朝下啊？」
猴：「吼～你鬼擋牆哦?!阿我不是前兩天才教過你嗎?!」
宅：「我……阿人家就忘記了嘛～」
猴：「厚！我看你啊～如果沒有我，你要怎麼辦啊?!」

【案例二】

場景：某個晴朗無雲的周末清晨，宅猴家的後陽台。
情境：阿宅正皺著眉頭，一臉困惑的呆站在洗衣機前。

宅：「我太太！洗衣機是要先放水，還是先放衣服啊？」
猴：「當然是先放衣服啊！」
宅：「哦哦～那再來要設定時間嗎？要按哪個鈕它才會洗衣服啊？我多久之後要再來讓它脫水啊？」

猴：「它……全自動的啦！先開電源再按啟動就好了啦！」

於是過了一個禮拜，同樣是在一個晴朗早晨的宅猴家後陽台。

宅：「我太太！洗衣機是要先放水，還是先放衣服啊？」

猴：「吼～你是失智老人哦?!怎麼永遠都學不會啦!!我不是上個禮拜才教過你?!」

宅：「阿就……步驟太複雜了，人家記不起來嘛……」

猴：「厚！我看你啊～如果沒有我，你要怎麼辦啊?!」

【案例三】

場景：某個熱到讓人頭暈的週末傍晚，新北市的某條巷弄裡。

情境：阿宅正皺著眉頭，一臉困惑的呆坐在汽車駕駛座的方向盤前。

宅：「我太太！接下來是要直走、右轉還是左轉啊？」

猴：「當然是直走啊！」

宅：「哦哦～那再下一個巷口，是不是就要右轉啦？」

猴：「右轉……右你個大頭啦！是要左轉啦！」

然後過了一個月，換成是在一個飄著細雨的午後，新北市的同一條巷弄裡。

宅：「我太太！接下來是要直走、右轉還是左轉啊？」

猴：「我說～臭阿宅你夠囉！花老母家你已經來過八百次了耶！你這個大路癡!!」

宅：「不是嘛～誰叫這裡的巷子都長得那麼像？而且又加上下雨天視線不良，不可以怪我啦……」

猴：「厚！我看你啊～如果沒有我，你要怎麼辦啊?!」

看完這麼多案例，我想大家應該可以瞭解到一件事，那就是：「**人非哆啦A夢，孰能萬能啊？**」雖說我的身形確實有那麼一點像哆啦A夢，平時也總是一肩扛起花猴跟宅猴家的大小事——要裝潢就買書學裝潢、要拍照就上網爬文學拍照、要買3C就設法搞懂3C！但問題是，畢竟我真的不是哆啦A夢啊，就算我變成哆啦A夢好了，也還是會有我辦不到的事，跟克服不了的難關和弱點嘛！

要不，你去叫哆啦A夢變出個林志玲，或是變得從此不怕老鼠給你看看啊！沒辦法嘛～是不是是不是！

所以我說嘛，傳真機、洗衣機跟認路之於阿宅我，就等於老鼠之於哆啦A夢嘛！**是天敵是天敵啊！是窮我們一生之力也無法跨越的一道高牆啊!!**

而且換個角度想，其實這樣也很不錯啊！雖然在大多數的情況下，男人總得扛起「被依賴」的重擔，但說真的，即使是再強再悍的男人，也還是會有脆弱的時候，或偶爾想要依賴一下別人的心情，不是嗎？

當我們被依賴的時候，總會覺得自己之於對方，是最最重要的存在。

但當我們想依賴對方的時候，則會覺得對方之於自己，是最最安心的依靠。

這樣想起來，不是也很棒、很完美嗎？縱使在日常生活的大小事上，花猴有將近90%的事情都得依靠阿宅我，但是剩下的那10%，卻恰恰好是我必須依賴她的地方！這恰好的互補，不正好讓我們的人生變得更完整了嗎？

而且更重要的是，阿宅對於花猴這10%的依賴，也剛好能讓她知道，她自己之於我，是個多麼重要的存在！

其實無論是在情人或者夫妻間，誰都沒有必要去扮演一個全知全能的完美角色！**男人，有時也可以軟弱、也可以依賴你的女人；而女人，偶爾也可以強悍，讓妳的男人依賴妳。**

我們都應該謹記這一點：「**伴侶，是用來愛、用來依賴，而不是用來崇拜的。**」

因為一段近乎完滿（完整圓滿）的關係的重點應該是：兩個人都要能互相依賴、相互扶持，每天一同分享生活中所有的喜怒哀樂，然後一起越來越快樂、一起變得越來越幸福，這些才是真正最最重要的事！

38 男女大不同之 花猴金句錄3：我什麼都會，還要你幹嘛?!

相對於上一篇：「如果沒有我，你要怎麼辦？」，本篇雖然乍看之下似乎有點兒小嗆，但我只能說，麻煩大家請自行模擬一下我太太慣用的嬌嗔口吻再唸過一遍：「我什麼都會，還要你幹麻啊～（跺腳）」

按照慣例，當然也得來解釋一下這句話的使用時機，通常它會出現在我家花猴又開始耍呆扮傻，並且搞不定一些我認為連幼稚園小朋友都辦得到的事情、甚至讓我感覺無奈到接近不耐煩時，這時花猴便會毅然決然地放出這記大絕！

然後接著我也只能以好氣又好笑的口吻瀟灑（？）地說：「呃……妳這樣講，好像也對厚？呵呵～」

同樣的，在此也提供幾個活生生、血淋淋的實際案例，來幫助大家更容易瞭解我太太的這招大絕，究竟該如何巧妙地施放及運用吧。

【案例一】

場景：某個艷陽高照的周末午後，宅猴家的客廳。

情境：宅猴夫妻正各自坐在客廳的兩台電腦前，忙碌地寫著網誌。

猴：「我老公！人家肚子餓，你去弄點東西給人家吃嘛！」

宅：「冰箱有水餃啊，妳餓了就去下幾個來吃囉。」

猴：「下水餃……那個好難哦！人家不會啦，你去弄給人家吃嘛！」

宅：「拜託哦，下水餃這麼簡單妳也不會？吼～」

猴：「我什麼都會，還要你幹嘛咧?!～（嬌嗔＋磨蹭＋蠕動）」

宅：「好啦好啦！」邊說、邊傻笑、邊起身往廚房走去……（↑我這是在得意什麼呀?!）

【案例二】

場景：某個星月高掛的夜晚，宅猴家客廳的電腦前。

情境：花猴正坐在電腦前，一臉困惑不耐兼微怒的對著電腦碎唸。

猴：「電腦壞掉了！電腦壞掉了啦！網路都連不上耶!!」

宅：「它沒有壞掉啦，可能只是哪裡出了點小問題而已啦。」

猴：「它壞掉了！它壞掉了啦！爛電腦爛電腦！哼!!」

宅：「它不是爛電腦啦，可能是無線基地台突然斷線了嘛……」

於是接著我便乖乖起身走到無線基地台前，拔掉插座、插回去，再重新連線一次。

宅：「妳看，這樣不就又可以上網了嘛？這麼簡單也不會！厚～」

猴：「我什麼都會，還要你幹嘛咧?!～（笑）」

宅：「妳這樣講，好像也對厚？呵呵呵呵呵！」（↑為什麼?!我為什麼又得意起來啦??）

【案例三】

場景：某個夜黑風高的晚上，宅猴家的廁所前。

情境：花猴站在廁所門口，不停按壓電燈開關，並朝向客廳大喊。

猴：「我老公！我老公！廁所的燈不會亮了啦!!」

宅：「哦？那大概是燈泡壞掉了吧，換一個新的就好啦！」

猴：「換燈泡……人家不會、人家不會啦！你趕快來換嘛！」

宅：「不會換燈泡？阿不就轉下來，再轉上去這樣就好，這麼簡單妳也不會哦？」

猴：「我什麼都會，還要你幹嘛咧?!～（羞）」

宅：「好吧，那我來換給妳看好了。」邊傻笑邊起身朝著廁所走去。（↑**我……我又在得意什麼了?!**）

所以看完以上的案例，眼尖的朋友們，應該也發現到一件事了吧？那就是：「**花猴是裝傻，阿宅是真傻。**」

沒錯！由於阿宅自詡為一枚頂天立地兼鐵錚錚的漢子，所以頂起家裡那片天，正所謂是捨我其誰的天職啊！

雖然說，不免還是會有若干天敵與弱點存在，但在絕大多數的情況下，硬漢阿宅我還是慣於扮演一個被充份需要、依賴兼依靠的「堂堂五尺以上，挖係男子漢哪！」

所以在摸清了我這莫名的「**硬漢堅持**」後，冰雪聰明如我家花猴，就更懂得要如何徹底的運用並充分遙控她這台專屬的「**機器貓哆啦阿宅**」啦！

身為一個人類智慧結晶的高科技產物「**機器貓哆啦阿宅**」，我們的使用方式，其實相當簡單好上手。

首先，其實妳並不需要真的手持搖控器，只需以聲控的方式，嬌嗔的說出下列幾個指令：「**我老公！怎麼辦啦！這個壞掉了啦！救救我啦！**」或者是，「**人家不會啦！**」然後當接收到指令後，我們便會即時做出最適當的回應。

如果這時，聰明的主人還懂得再適時補上一記大絕：「**厚ㄟ我什麼都會，還要你幹嘛**

咧?!」當下，我們便會像是瞬間被充飽了電力的「萬能超人」立即起身，也許臉上會佯裝不耐，但實則卻是暗自竊喜在心頭的心甘情願乖乖被遙控。

所以我才常跟身邊的女性友人們說：「女人哪，不管是真不會還是假不會，重點是記得**一定得要有遙控男人的智慧啊！**」

與其成天抱怨妳家老爺怎麼講都講不聽、叫不動，還不如充份運用妳們與生俱來的優勢，好好應用並充分遙控那隻專屬妳的「**機器貓哆啦××**」吧！

沒有人是生來就完美或萬能的，無論男女，每個人都有他堅強的那一面，同時也會有脆弱的另一面；會有想要被依賴的時候，同時也有希望依賴對方的時候。

我常常覺得，要如何拿捏「依賴」與「被依賴」之間的巧妙平衡，需要的不僅僅是智慧，更需要多幾分貼心的體諒。就像男生在很多時候就像個大小孩一樣，能夠偶爾依賴一下我們身邊的愛侶、不再扮演「萬能的超人」，這樣能令我們擁有一個安心的避風港般的歸屬感。

說穿了，男人和女人之間，不就是這樣嗎？「**如果沒有我，你要怎麼辦？**」、「**我什麼都會，還要你幹嘛?!**」

沒有人需要你永遠是一座山，也沒有任何一方必需一直柔弱似水，如何當個能夠被依賴、同時也可以適時又適當地依賴對方的情人，或許才是情人／夫妻之間最應該不斷學習並邁進的目標吧！

39 好的愛情，能讓你成為一個越來越好的男人／女人。

我時常在想，愛情這件事，在我們的人生中究竟扮演著什麼樣的角色？或許有人會說，比起愛情，我們的人生裡還有更多更重要的事必需去追尋；相較於戀人，我們身邊還有更多的親人友人值得去愛。

但在說著這些話的同時，我們很可能因為剛遭逢失戀而像失了魂似的提不起勁去做任何事！也可能因為戀上一個人，而正打算鼓起最大的勇氣，付出所有去賭這段戀情一把。

我們似乎總是矛盾的希望，愛情，可不可以不要在人生中佔有那麼大的比重?!但卻又無可避免的無時無刻被它牽動著我們生命中的大小事！

所以也難怪我們總會聽見有人這麼問：「我到底要怎樣知道，自己遇到的就是那個**『對的人』**呢？」

坦白說，雖然我無法提供一個可以適用於每個人的標準答案，但我想大家可以試著問問自己下面這個問題，它的答案，或許可以讓大家做為一個簡單的判斷依據及參考：

「你的愛情，到底是讓你變成了一個更好的人，或是更差勁的人呢？」

就拿我一個朋友的例子來說好了，這位原本是我們整群人裡最大的一顆開心果，雖然他有點小氣、有點小固執，偶爾脾氣還有那麼一點小拗，但是也來得快、去得快，說說笑笑沒一會兒就過去了。

但是自從交了一個讓他活像是鬼遮眼似的女友後……他變了！他真的大變了！原本總是愛耍寶的他，變得一板一眼、不苟言笑，甚至動不動就板起一張屎臉來！

從前跟我們即使有什麼不快或口角，總是鬧一鬧、玩一玩就笑開了的他，後來卻變成每次都非得要爭個你死我活，硬是要逼到對方向他誠心誠意的道歉，才肯善罷甘休的尷尬局面。

對待朋友是這樣也就算了，就連在他家裡只要有人稍稍不順他的意，管他是兄弟姐妹，還是老北老木，大至政治立場跟他不對盤、小到對他女友不夠尊重禮遇，反正只要惹得他跟他女友不爽，一律通通都是別人的錯！

如果不道歉，或是一句對不起說得不夠誠懇，那他倆絕對跟你沒完沒了！鐵定要鬧到一個雞犬不寧的程度不可！

到最後，別說是我們這群朋友了，聽說就連他的家人也只能選擇漸漸疏遠他，跟他們兩個盡可能地保持距離，避免越見越傷心就算啦！

說真的，我總覺得即使是再怎麼神聖偉大、再如何轟轟烈烈的愛情，也不應該是建築在讓身邊親友失望與傷心的基礎上。

而這也是我在經歷過許多事情之後，才慢慢有的一層體驗，尤其當我娶到這隻小猴子後，我更發現好的愛情不但會讓人變得更好、更受歡迎，甚至還會讓你像個神奇寶貝似的一直朝著「**最終型態**」不斷進化跟蛻變呢！

就好比，只要是認識我跟花猴的朋友都知道，當初在裝潢我們現在住的這個家時，我們並沒有多餘的預算可以請設計師，所以只能委託一個工班的工頭，然後由我們自己發想、規劃，再跟他溝通並施工，大致上是這樣的流程。

不過問題是，我跟她兩個人不僅沒學過任何裝潢相關的課程，同時也不曾裝潢過房子啊！所以那該怎麼辦呢？其實很簡單，就是由我來負責做功課，然後她負責在一旁玩耍就對啦！反正就是這樣，在那段很短的時間內，我從網路上看了超多的資料，也從書店買了一堆裝潢書回來K，然後就開始一路從設計師、監工、傢俱採買顧問（**對！我只是顧問，決定權還是在我太太手上**），一路做到水電工。

現在偶爾看著掛在我家牆上的大壁櫃或釘在天花板上那重得半死的鑄鐵置杯架時，我都會想：怪了！我當初到底是哪來這麼大的力氣啊？又為什麼莫名其妙的就會用電鑽了？還這麼會組裝傢俱啊?!

所以我才說，這愛情真的可以激發出人類無窮無盡的潛能呀！

再說到拍照這件事好了，我發現最近有很多朋友都會跟我太太說：「我好羨慕妳有個愛拍照的老公，可以當妳專屬的攝影師哦！」

沒有沒有～！其實我根本就沒有愛拍照啊啊啊！～

好吧，或許應該說，一開始我對拍照根本就沒興趣，這完全就又是另一件莫名其妙的事情啊！如果我沒記錯的話，剛開始別說是什麼光圈、快門或白平衡了，我甚至就連單眼是什麼鬼東西都搞不懂！——**單眼？為什麼？？阿拍照不是用雙眼看比較方便嗎?!到底為什麼要用單眼拍啊？啊啊啊~**

不過，後來隨著她部落格寫得越來越有模有樣、對拍照的需求跟品質也越來越要求之後呢，就跟當初裝潢家裡時是一樣的，我又開始買了一堆書跟上網做了一堆功課，最後才是現在大家看見的這個「愛拍照的老公、專屬的攝影師」了！

還記得前陣子宅老北曾當著我的面，「偷偷的」對他媳婦花猴說了以下這段話：「以前他年輕的時候啊，我最擔心的小孩就是他，不過現在卻變成最信任他了！但是，美眉我跟妳說哦，其實我對他的信任度只有99%，對妳才是100%啦~呵呵呵！」

「好的愛情，會讓你成為一個越來越好的男人／女人。」當你正感到困惑，甚至開始懷疑眼前的這個他／她，究竟是不是「對的人」時，那麼或許你應該試著好好去了解，在你身邊那些關心著你的親友眼中，你究竟是漸漸變成了一個越來越好的人？還是一個越來越差勁的人了呢？希望這個問題，能幫助你理出一些頭緒，進而找到你想要知道的答案。

40 單向溝通的愛情，就像一場孤獨的旅行。

曾經有人說過：「**我們是因為害怕寂寞，所以相愛。**」

其實無論是在愛情中，或這個世界上，我們都無法一個人孤獨的活著。所以我們不斷地追求真愛、不停地找尋那個能夠伴我們一生的靈魂伴侶，為的不就是希望在愛情與人生的這段旅程中，可以不再孤獨並且相互扶持，走得更順遂與幸福嗎？

但是如果你的愛情，非但不能令你不再寂寞，甚至兩個人在一起卻比一個人還要孤獨！那麼這樣的愛情，不就和原本所要追尋的背道而馳了嗎？

我們都知道在愛情的關係裡，**溝通是最重要的事情之一，因為只有透過兩個人持續不斷的溝通，我們才能逐漸從陌生、瞭解，走到心靈相通。**

就像一段旅程中的兩個人，如果總是意見相左、無法達成共識，甚而拒絕和對方溝通的話，這樣的旅程就算能夠勉強走下去，但對彼此而言也只會是一段孤獨的旅行罷了。

之前看過一段寫得還蠻有道理的話：「吵架的時候之所以會越吵越大聲，其實就是因為當下彼此都覺得對方距離越來越遠，才會拼了命的扯破喉嚨吼，希望能讓對方聽見自己的聲音。

而相對的在情話綿綿時，因為彼此已經親密得幾乎沒有距離了，所以往往只要輕聲細語就能讓對方接收到自己的心意。」

想想不就是這樣的嗎？

就像我常說的：「吵架，其實也是一種比較激烈的溝通。」所以當兩人起了爭執並吵起架來的時候，更要切忌避免口出惡言和做人身攻擊！

至於那些平時不好意思說出口的不滿與建議，都應該要趁這個時候來個暢所欲言；但相反的，如果其中的某一方總是選擇沉默以對，無論另一方怎麼吵、怎麼罵，也不願多做回應的話呢，就我看來，這樣的因應方式不就等於選擇將「溝通的大門」給牢牢的關上，拒絕回應也拒絕溝通了嗎？

從前年輕時，我曾經交往過這麼一位女友，平常相安無事時，她真的是完完全全沒得嫌。不僅聰明懂事、溫柔婉約又善解人意，而且還乖順可愛得就像隻小鳥一樣。

但每次只要兩個人有了點小誤會，甚至吵起架來的時候……不管我怎麼吵、怎麼問，她永遠就只是默默的低下頭掉眼淚，然後什麼話也不肯多說一句。

我還記得有一次，跟她在路上遇見了一位算是非常非常不熟的女同事，就在我跟女同事隨口寒暄兩句就閃人了之後，我這位前女友也不知道是誤會了什麼？還是覺得我沒把對方介紹給她認識？開始一整晚都臭著一張臉，再也沒跟我說過半句話了！無論我怎麼逗她、怎麼問她，她就是不願意做出任何回應。

直到過了好幾天，我又問起了這件事：「呃，我問妳哦，妳上次該不會是因為我跟那位女同事多說了兩句話，所以就生氣了吧？」

「你既然都知道，那天幹嘛還一直氣呼呼的逼問我啊？」

「因為我又不是妳，妳不說我怎麼能確認呢？如果當時妳願意坦率的說出來，我就會針對這件事情跟妳道歉並解釋，然後如果以後再遇到類似的情況，我也會知道該怎麼做才不會再惹妳生氣啊！」

就像這篇文章標題說的一樣：「**單向溝通的愛情，就像一場孤獨的旅行。**」其實，拒絕溝通・與・沉默不語・的殺傷力，遠比・激烈爭吵・來得更為・強大！

我們如果連面對自己所愛的人都不願意打開溝通的大門、敞開心胸將藏在心底的話給攤開來講清楚，那麼對方要如何能夠更瞭解你、甚至更懂得用你要的方式去愛你呢？

就如同和花猴一路從交往到婚後這幾年來，雖然她平時也是屬於話不多的女生，但若遇到該吵該溝通的時候，她也會當仁不讓的打開大門對我暢所欲言。

而想想，這或許也是我之所以會這麼喜歡她那白目又神經大條個性的原因之一吧？反正吵著吵著，最後噗哧一笑，兩人也就沒事了。

但重點是經過了這樣的雙向溝通後，我們不僅對對方的認識又更加深了一點，而且當往後再遇見類似的狀況時，也知道該如何因應才能讓彼此間的相處更加和諧融洽了。

記得後來我常對身邊朋友這樣說：我覺得愛情的經營，就像是兩人開著一輛車在進行一趟長途旅行。

即使在旅程中，有再多的風雨崎嶇路難行，但只要兩人可以相互配合、互相扶持，你開車時，她會在一旁陪著你、提醒你；你累了時，她也可以換手開一下。

就算有時不小心開錯路或迷了路，但因為有彼此的陪伴，說不定也會成為人生中一段意外的美麗插曲與回憶。

重點是，兩人都願意敞開心胸一同討論並且充分溝通，然後取得共識後朝著兩人心中一致的方向一起攜手向前行。

那麼，這趟漫長的旅行不但能讓你們走得更踏實、更長遠，同時也會是段更充實且幸福的旅程。

41 關於尊重：阿宅的反省文。

好啦～我自己先承認行了吧！其實我也不知道是為什麼？最近自己的老人症頭怎麼會犯這麼大?!

一下唸妳這、一下唸妳那，一會兒說妳這樣不對、一會兒又要妳改哪裡哪裡的……後來靜下心來想想，如果換成是妳這樣對我，整天卯起來東唸西唸唸個不停的話，我應該也早就耐不住性子而火冒三丈了吧！

其實我也不是不明白，最近這陣子我們吵的這幾次架，確實是因為我自己忙著趕書稿才疏忽、冷落了妳，甚至後來妳都已經難得（誤）這麼懂事又貼心的自力救濟，不是自己約好姊妹淘陪妳逛街、喝下午茶，不然就是把行程都規劃好、住宿的房間也訂好，還連要一同出遊的朋友都約好了，只是希望我能稍微撥點時間、暫時遠離一下螢幕跟鍵盤，帶妳出去散散心，結果卻換來我一句：「妳不覺得自己這樣擅自幫我決定行程，真的很不尊重我嗎?!」

仔細想想，為了這些根本沒那麼大不了的小事而大吵，真的很累也很不值得。

坦白說，這段時間妳的體貼與容忍，其實我都看在眼裡，我真的很感謝妳體諒我為了寫書閉關而不能像之前那樣時常帶妳出去約個小會或看場電影……呃，說到看電影，想想我們倆好像至少已經有超過半年以上沒進過電影院了呢！

但我想，之所以這些看起來好像沒什麼的小事會導致我們吵得這麼激烈，除了我自己的壓力跟情緒之外，另外或許就是因為我們對於「尊重」的定義與分寸的拿捏，各自有著不同的解讀和界定吧？

從小到大，我就是個很不喜歡自己的計畫被打亂，而且還是很臨時才被告知要去做某一件事情的那種人。

但好死不死的，妳偏偏就是個凡事都講福至心靈、臨時起意兼隨興而發的臭小孩，或許就是因為我們兩個在這方面有著如此顯著的差異吧！所以每每當妳臨時又幫我決定了某件事或答應了某個邀約時，我往往便會有這種不受尊重甚至很容易就爆氣的感覺了。

不過換個角度想，我口中這些妳「不尊重」我的行為，不也是源自於妳對我的體諒，以及包容我那不懂浪漫與情趣的木頭個性，所以才衍生出來的自力自強跟自力救濟嗎？

好啦，妳也知道妳老公就是這樣嘛！不但脾氣來得快也去得快，而且不只不會記仇還很懂得反省呢～是不是！

說真的啦，其實一直以來，**我最感謝妳的一點就是，妳從來都不會要求我必須為妳做些什麼或改變些什麼！**

甚至從以前到現在，對於我想做的一切，妳也總是無條件的支持。相較於我所謂的「不尊重我，擅自決定約會」的那些小事，這些全心全意的支持與尊重，其實才是我真正應該在意並且感恩的大事吧！

所以說我太太啊，雖然當著妳的面我沒說，不過我確實已經反省過，也有在改善啦！就像我常說的，打從一開始，我喜歡的就是妳這少根筋的個性、傻呼呼的笑容、與世無爭的樂天性格，和一副老是懶洋洋的開心模樣。

雖然偶爾妳會做出一些讓我擔心、讓我覺得欠缺考慮的事情，不過，這不就是我覺得最可愛的那個妳嘛！

我太太，真的很謝謝妳！謝謝妳總是支持我，**讓我任性的做自己、讓我無後顧之憂的去做我想做的任何事情**。

從現在開始，我也會加倍努力的學習妳對待我的方式，支持妳的決定、支持妳想做的任何事，讓妳也能像我一樣任性又開心的做自己，好嗎？

42 關於尊重：花猴的反省文。

這篇是我還給阿宅的「反省文」。

真的有人想看嗎？我想只有阿宅你吧!! >"<

好啦！反正就是前幾天我和阿宅大吵了一架，吵架的內容是關於「尊重」這個話題，因為我們對於「尊重」的定義不同，所以便起了爭執……

從以前開始，花猴我就很討厭一種女生，就是當我約她的時候，她都會這樣回我：「喔～我要先問一下我男友欸！『**如果他沒事**』，我再跟妳說好嗎？」

這種女生，花猴不會再約她第二次，因為在她的生命裡，男友就是她的神！所以才會無論要做什麼事情之前，她都要徵求男友的同意！而我們這些朋友對她來說都是屁，既然這樣，朋友是互相的，那我也不用把她放在心上了。

或許因為是獨生女，又在單親家庭長大的緣故，從小到大，我都被訓練著必需要更獨立！

談戀愛時，「**依賴對方**」**對我來說是種甜蜜的表現，而不是真正的依賴！**是為了讓對方感到開心而表現出來的行為。

我要跟誰出去、去哪裡、做什麼，當然也會跟另一半報告，但那是為了讓對方放心、尊重對方，而不是為了要徵得對方的同意。

所以，當這個觀念受到挑戰的時候，平時大喇喇的我突然就變成了刺蝟！忘記了平時是因為有阿宅的默默支持與體貼，我才可以活的那麼快樂、那麼輕鬆。於是，我對平時最疼愛我的阿宅說了很多很傷他心的話……

嗯～所以我想我要反省的地方就是……以後當我氣到一個爆炸時，我就要趕快去房間裡躲起來，然後把嘴巴閉上！>\\\\<

因為雖然生氣的時候說的話，往往都不是認真的，但卻足以像利刃般狠狠的刺傷對方的心！

所以雖然我不贊成冷戰，但我卻非常同意阿宅說的：「**如果真覺得自己已經快失控了，那就趕緊找個地方，各自隔離吧！**」因為話說出口了，就再也收不回去了。就算是氣話，也不免在彼此之間留下一道裂痕。

看著阿宅胖胖的背影（（被揍）），我突然感到很內疚……>\\\\<

你……願意忘記我當時說的氣話嗎？？

人家下次不敢了啦！！

43 婚姻中的你的、我的、我們的。

記得之前在一部偶像劇裡，曾經看過這麼一段劇情：劇中的男女主角在歷經多次的爭吵之後，女主角終於做出妥協，決定將陪伴了她多年「她的狗」給送走，而就在兩人一起開著車將狗送去新主人家的路上，按耐不住情緒的女主角最後總算爆發並對男主角說出了下面這段話：「我們的生活中，充滿了你的、我的，可是愛是一種我們的，你懂嗎?!我愛你、你愛我的那種愛，叫戀愛，最多維持兩年。兩個人要一輩子走下去，需要的是一起付出同樣的愛，一起愛我們的家庭、愛我們的生活、愛我們的婚姻，甚至是愛我們的狗，你懂不懂?!」

聽完的當下，我腦中只浮現出一個字：「**中！**」這段話，講得真的是太中了！不是嗎？

其實認真想想，這樣的概念在我們年輕初嘗戀愛滋味時也曾思考過，只不過當時的想法，大概也僅止於一些很概略的、模糊的，懵懵懂懂的青澀滋味罷了。

像是從初交往時，彼此漸漸認定「妳是我的女朋友」、「我是妳的男朋友」。到交往了一陣子後，言談中逐漸出現的微妙變化，從「妳今天要去哪裡？」變成了「**我們今天要去哪玩？**」；從「你今天想吃什麼？」變成了「**我們今天要吃什麼？**」；從「我跟她昨天去看了一場電影。」變成了「**我們昨天去看了一場電影。**」

兩個原本陌生的「妳」跟「我」，因為相愛而成了熱戀中的「**我們**」。但在這個階段，我們對愛情的認知似乎也僅能到此為止，直到我們終於遇見了那個命定的另一半，隨著兩人一同攜手經歷過種種的考驗與難關後，我們對於「你的、我的、我們的」這個概念，也才逐漸有了比較深一層的體認。

就拿阿宅和我太太來說吧，我們兩個大概也是到了開始籌備婚禮，然後又經過一連串與雙方家長溝通跟協調的過程後，才慢慢體會到「結婚，真的不只是兩個人的事，而是兩個家庭的結合」這句老話的真正意義！同時，也是在一起經歷過年復一年、一次又一次的甘苦與共及爭執爭吵後，才總算了解「夫妻，本是一體的」這句大家耳熟能詳的話的涵義。

是啊！當她開心時，我也會莫名的感到開心；當我難過時，她也會跟著我眉頭緊蹙；當我們其中一人生病時，另一個也會變得什麼事都提不起勁去做，一心只想陪在對方身邊。

然而你們知道嗎？關於類似「你的、我的、我們的」這類的問題，我跟花猴其實也爭吵過不少次呢！尤其是在剛新婚頭兩年的時候。

「打掃是『**你的**』工作啊！不干『**我的**』事啦！」

「洗衣服是『**妳的**』工作！不干『**我的**』事啊！」

「這是『**我的**』車，我愛怎樣就怎樣，不關『**妳的**』事啦！」

「我要怎麼花『**我的**』薪水就怎麼花，不關『**你的**』事啊！」

嗯嗯，所以別看我家這隻小猴子總是那麼愛亂亂買，就以為阿宅真的都放任她也從來不唸她！坦白說，這也是在經過好多次「精彩」的溝通跟爭吵後，我們之間才逐漸取得了一個默契與平衡點：「只要在不影響到『**我們的**』家計跟生活的前提下，她還是可以保有『**她的**』這個小小的人生樂趣。」

雖然她總愛這麼說：「屁啦！我的哲學明明就是：你的是我的，我的還是我的！反正我們家的所有東西啊，通通都是我的啦！哈哈哈哈哈！XD」

不過，大家可別看這小孩老愛講這些幼稚話，其實說真的，她還是蠻懂事的啦！至少我覺得這隻小猴子有二點真的很值得讓人稱讚，那就是：「不自私&不愛計較。」

想想，或許「你的、我的、我們的」這個概念，就是希望我們在婚姻裡，都能學著別那麼自私，也別那麼愛計較，不是嗎？雖然說婚姻，將「妳」和「我」結合成了一體的「我們」，但其實在適當的範圍內，我們仍舊可以適度的保有自己，就如同許多人都明白的那個道理：「真正的自由，是建立在不傷害別人的自由之上。」更何況我們在談的，是兩個彼此相愛、誓言共度一生的愛呢！

所以只要我們能夠將一件事謹記在心就夠了：

在妳往後的日子中，會一直有我、而在我往後的日子裡，也會一直有妳！無論未來會是什麼模樣，我們唯一需要相信的就是，它將不再是「妳的」未來或「我的」未來，因為從今以後，我們都必須不斷的這麼告訴自己：「它，會是屬於『**我們的**』**未來！**」

44

婚姻的真實與想像。

話說自從跟花猴結婚後，我好像三不五時就會被問到一個問題：「欸！阿宅，你覺得你們婚前婚後有什麼差別嗎？」

雖然我幾乎每次都是很敷衍（誤）的回答說：「其實好像沒什麼不一樣耶，反正我們婚前就已經很像老夫老妻啦！XD」

不過老實說，多多少少都有差吧！畢竟婚後的確多了些責任跟義務，同時也多了些家人得去習慣和相處嘛。

交往時，我們只要設法搞定兩個人的食衣住行跟情緒就好了，兩個人開心，一切就開心了！但婚後呢？除了自己跟對方，至少還多了雙方父母的情緒跟觀念得不時的安撫跟溝通，甚至有時還得兼顧到兩大家子親朋好友的觀感及意見呢！

然後，除了這些可能是助力也可能是阻力、一切全憑運氣的複雜人際關係之外，我個人覺得最明顯的，應該還是婚後彼此心態跟生活上的轉變吧？

就像後來花猴最愛拿來跟朋友說嘴的一段婚前小插曲：

「我覺得自己當初根本就是誤上賊船，才會這麼年輕就嫁給了阿宅好嘛！而且，那時候拿到我們喜帖的公司同事，每個幾乎不是問我『**有了哦？**』就是『**幾個月啦？**』……齁～你們說我嘔不嘔啦?!」

真的，其實別說是她或她的同事們了，坦白說就連我都覺得真的委屈她了！

畢竟要一個正值荳蔻年華、如花盛放的「仙女」，就這麼躋身人妻的行列，甚至還一步步逐漸朝著人母的身分邁進，這心態上的轉折，絕對是一想到就會想狠狠咬我一口那般的不甘願吧?!**（話說那陣子我還真的時常被她咬咧！）**

而且，從前只是單純的我女友、妳男友，現在則成了我太太、妳老公、我家的媳婦和妳家的女婿。

然後除了責任跟海誓山盟，更多了權利義務和法律效力。比起自由奔放的戀愛，婚姻真的複雜也麻煩多了！

不過雖說如此，但後來我跟花猴卻又漸漸覺得，結婚，其實好像也不錯耶！

至少整個人真的有種「定性」了的感覺，或許是因為終於不必再在愛情中尋尋覓覓、飄飄蕩蕩的原因吧？

就拿我來說，不只體重越來越「穩重」，心態上也是！整個人好像**有一種愛情總算靠岸了，接下來就能有更多的心力去衝刺工作、事業，或人生中其他重要課題的踏實感。**

我常在想，是不是因為我跟花猴一開始就都對婚姻沒有抱著太多的想像，所以才比較沒有所謂適應不良的問題呢？

還記得幾年前，一位學生時代跟我交情還算不錯，但已經失聯頗多年的女同學，突然打電話跟我聊到她和她先生已經在前陣子正式簽字離婚了……

說真的，聽到這個消息時我整個人超級驚訝的！因為說起他們兩個，就像是電視劇裡常演的那種門當戶對的千金大小姐和豪門大少爺，不僅雙方父母已經是相識幾十年的世交，他們倆也是從小青梅竹馬玩到大的、令人稱羨又登對的一對。

照理說，能一路從幼稚園交往到踏入社會，兩個人對彼此的一切必定是早已熟到不能再熟了！甚至應該早就能接受跟包容所有的優缺點吧？

但結果，他們之所以會離婚的原因卻是：男生覺得婚姻跟他想像的差好多！他無法適應結婚後的生活跟種種改變，就只是因為這樣，所以便要求離婚了！

其實剛結婚的時候，我跟花猴也曾經因為一些生活上的習性和觀念而爭吵、爭辯過，大概從尿尿要掀馬桶蓋、碗和衣服誰要洗，吵到一個睡太多，另一個又睡太少（**我**），而其中吵得最多次又最嚴重的，**大概就是關於我睡覺打呼就跟打雷沒二樣這件事了！**

但就像我常說的，吵架不也是一種溝通與協調的過程嘛？重點是兩個人都要懂得包容、體諒和別計較，花個一秒鐘掀馬桶蓋，就能少去一個爭吵的點；一個分配洗碗、一個則是洗衣服，如果一個在忙時，另一個就隨手補上；至於作息時間，反正久而久之自然也就會磨合出一套最舒服的模式。

倒是打呼這檔事，就不是我能控制的了，不過後來我們還是找到了一個皆大歡喜的方式，要不就是我晚點再睡，如果隔天得早起，那前一晚我就會乾脆乖乖跑去睡客房囉！

雖然總是有不少人會說：「愛情，是婚姻的墳墓。」但仔細想想，雖然婚後確實少了些戀愛的激情與浪漫，但其實婚姻不就是從「只是談戀愛，走到得一起過生活」的階段而已嗎？

就像談戀愛時，逛IKEA跟大賣場，往往是在編織未來那個「家的想像」；但結婚後，逛的則是一種很真實也很踏實的「生活」了。

所以與其將婚姻形容成是愛情的墳墓，我倒寧可將它視為是「愛情的進修班」。

雖然在這裡面，我們不免要做出一些妥協、配合與取捨，但是不可否認的，我們也因此而成長，無論是心態上的確定感、或是生活中的踏實感，這些都讓我們更知道該如何愛人與被愛，也更懂得怎麼去經營一段讓彼此都感到舒服且自在的長久關係。

而我想，這或許也就是後來我之所以會常對人說：「**結婚，其實真的是件蠻不錯的事呢！**」的原因吧？

45 情人之間，耐煩是種美德，不耐煩則是種要不得。

話說前陣子某個夜黑風高、星月無光、冷到讓人渾身ㄍㄧㄡ成一團，甚至連腦袋都被冷到秀逗而幾乎無法運轉的夜晚。

正當阿宅我陷入一種莫名焦躁的「腦袋卡卡」的狀態時，同時間還遭遇我家那兩隻煩死人不償命的**蛋糕**＋**阿牛雙喵母子**檔接力纏鬥攻防戰的當下。

正所謂屋漏偏逢連夜雨，就在此時，我耳邊竟然又響起了一陣不知打哪傳來的誦經聲……

喂！我說這大半夜的是哪個鄰居這麼沒公德心啊?!

只不過當我認真又仔細的給它聽了幾遍後卻發現……

咦？？怎麼這旋律會如此熟悉呢?!再加上那不斷repeat的歌詞，好像還充滿了親切感呢！

「小蠻頭小蠻頭小蠻頭小蠻頭～小蠻頭小蠻頭小蠻頭～小蠻頭小蠻頭小蠻頭小蠻頭～小蠻頭小蠻頭小蠻頭小蠻頭～」（**請自行搭配各級學校頒獎典禮必奏之進行曲旋律**）

拷！原來那沒公德心的「鄰居」，正是我太太花猴！而那猶如疲勞轟炸似的「誦經聲」，則是出自於我太太口中的招牌主打歌「小蠻頭之歌」！

於是就在這一波波攻擊下，阿宅我的耐性終於失守了！一個不小心，一句不耐煩的咆哮就這麼給他吼了出來：「臭猴子！妳不要再唱了啦!!妳這樣是要叫我怎麼寫文章啊？？～吼!!」

才一吼完，雖然緊接著我立馬轉頭朝我可愛的太太附上了一枚傻笑並且賠不是，但是，正所謂「**吼出去的咆哮就像潑出去的水**」……來不及啦！我家這隻幼稚猴早在第一時間就上臉書去告狀啦：「阿宅剛剛對我大吼！」結果，免不了的，我自然又被一大群婆婆媽媽們（誤）……是熱心的姐姐妹妹們數落兼圍剿啦！

所以我才說哪，以上的故事告訴我們，這飯可以亂吃，不耐煩的話還真是不能亂吼呢，是不是啊?!（菸～）

不過話說回來了，我必須承認自己最近「耐煩」的功力真的是大大退步了！同樣的事情，如果換作是從前的話，我鐵定是立刻婦唱夫隨的一起欣然合唱，甚至還會再自動追加一首第二波主打歌「**阿牛牛之歌**」！

但最近卻連從前一些我根本不以為意的小事，比方說我太太總是愛賴床賴到天荒地老、遲到遲得花兒也謝了、愛番愛盧得像隻小狗講不聽……之類的行為，我竟然也變得動不動就會不耐煩且易怒了起來。

說真的，其實從以前我就一直覺得，「**男人的耐性**」，**真的是打動女生芳心的最佳利器！**

就像從前還在追求花猴的時候，對於她那些偶爾的小凸槌，我都是打從心底的覺得怎麼那麼～那麼的可愛啊！而對於她一些三不五時的小小惡作劇，我也總能將之視為是一種甜蜜的生活情趣。

但或許是隨著結婚後相處的日子越來越久、要一同面對跟經歷的生活瑣事和煩人事也越來越多的緣故，從前懂得視為優點的「耐煩」美德，卻在不經意中，被生活磨成了要不得的「不耐煩」性格。

真的！無論是在夫妻或情人間的相處上，太容易或太頻繁的出現不耐煩的情緒，都是件非常要不得的罪過呀！

而且不知道大家有沒有發現？往往我們對於那些不怎麼熟悉的同事或不怎麼親近的朋友，總是比自己所愛的家人跟親人還要來得有耐性許多。

所以如果換個角度想，對於我們所愛的人跟愛我們的人，是不是更應該要不吝於付出耐性呢？甚至我們是不是也應該靜下心來想想，在這個世界上原本就不存在著十全十美的人，如果你真的愛她，不就該包容她的一切、耐得住她那些煩人的小缺點嗎？

還記得之前花猴曾經對我說過：「你知道除了責任感之外，我家花老母最滿意你哪一點嗎？」

「嗯……該不會是我胖嘟嘟的很可愛這樣吧？」

「**對耶！你還真的跟我家花老母有母子臉耶！**……～不是啦！～是她覺得你真的是個很有耐心的人啦！她每次看你在我們家樓下等我，無論等多久也都是一臉笑嘻嘻的，而且從來也沒看到你對我不耐煩過，所以她才覺得以後這個男生一定會很疼她女兒囉！」

照這麼說，「耐煩」這個態度，不但是一項可以幫你贏得女生芳心的利器，同時還是個能讓你博得長輩歐露的美德呢！

但是，如果再對照我最近這陣子動不動就對我太太感到不耐煩的行為，我真的應該好好檢討一番，同時更要切記時時提醒自己別再這麼要不得了！正如同這篇文章的標題寫的：「情人之間，耐煩是一種美德，不耐煩則是種要不得。」

也希望從今以後，大家都能和我一同共勉之，好好將這句話給牢牢記在心裡。多點耐性、少點不耐煩，或許兩人之間就能多點和諧、多點歡樂，也能多點幸福了。

加油！好嗎？

46 角色與信念，是婚姻成功的關鍵。

對於我們這一代的人而言，相信應該有不少朋友都跟我一樣，從小在家中看見的幾乎都是爸爸在外頭辛苦的工作應酬、努力賺錢，一肩扛起養家的責任，然後媽媽則是負責家裡頭的大小事，洗衣煮飯帶小孩，每天將家中打理得一乾二淨，扮演著持家的角色。

正因為如此，於是「男主外，女主內」這樣的傳統觀念，似乎也就這麼耳濡目染的深植於我們腦海中了。

但是當我們總算長大、出了社會後才發現，原本傳統的觀念，卻似乎隨著時代的進步，而悄悄的被顛覆並扭轉了。

就拿之前我曾經共事過的一位男同事為例，原本他和他老婆兩個人在各自的公司裡，都已經做到中高階主管職，收入也都相當不錯，雖然各自的工作都很忙碌，但還是可以維持不錯的生活品質，遇到假日，也總會全家四處去遊玩。

但就在後來寶寶出生後，他們的生活開始有了重大的轉變。

或許是因為得兼顧忙碌的工作與寶寶的照顧，把兩個人幾乎壓得快要喘不過氣來！那時聽他說，原本幾乎不怎麼吵架的他們，開始動不動就會起爭執，而其中最頻繁的就是為了寶寶的教養問題而爭吵不休。

於是過了一段時間後，有天這位男同事突然跟我說他做了一個重大決定：

「我跟我老婆討論了好久，一致覺得我們兩個人勢必有一方得放棄現在的工作、回到家裡當一個全職的褓姆。而經過仔細評估過後，我跟她都覺得雖然我們的收入差不多，但是她的工作至少作息還比較正常些，而且相較之下她的工作也比我的來得更有發展性，所以最後我們達成共識，就由我回家當一個全職奶爸吧！」

坦白說，從他們身上，我不僅看見了一種懂得勇敢取捨與實踐幸福的智慧，同時更看見他們夫妻一起在這段婚姻關係裡，找到了最適合彼此的位置，並且也都稱職的扮演好各自的角色。

再說到另一位女同學的例子，想當年她和她後來的老公，打從學生時代起就始終是我們這些旁人艷羨的對象，他們總是焦不離孟、孟不離焦，既恩愛又甜蜜，一個小女人配上一個大男人，在當時看來完全就是天造地設的一對。

但結果後來卻聽說他們離婚了！而離婚的原因，卻是因為男方沒辦法接受女方婚後事業發展得越來越順遂成功，甚至還遠遠超越了他的成就。

於是男生覺得自己沒辦法適應這樣的角色顛倒，縱使女生已經很努力的在家中做回那個「小女人」的角色，但男生心裡始終還是覺得，他自己突然就變成了個「**小男人**」，而女生則成了個他所不認識的「**大女人**」了……

只是讓我覺得比較奇怪的是，既然女方的事業發展得比較順利，那為什麼男方不能扮演起輔佐的角色，把更多的心力放在打理家裡的部份呢？

就算真覺得自己被比下去了，身為男人的自尊心受創了，那麼該思考跟努力的，不也應該是如何讓自己成為一個更成功、更匹配得上女方的男人嗎？**而不是輕率地提出離婚、選擇拋妻棄子來保有無謂的自尊！不是嗎？**

其實我一直很想問那個男生一個問題：「你相信並且認同，結婚，是一輩子的事嗎？」因為對我來說，**這不只是一個問句，同時更是一個信念！**

從我們踏上紅毯的那一刻開始，我便等同承諾了要讓她永遠過著幸福快樂的日子！無論生老病死、她的家人朋友、她的優點缺點，通通都成了我人生中密不可分的一部份！

結婚的時候，我們都是這樣承諾並宣誓的，不是嗎？

就以我跟花猴來說，雖然從婚前一直到她莫名其妙寫起部落格之前的這段時間，我們都各自有著一份還算不錯的工作，甚至相較之下，當時我在廣告公司的發展和待遇應該都比她好上許多許多吧！

但隨著她突然成了知名部落客，不僅工作量增加到讓她必須辭掉原本的工作，甚至後來還為了兼顧寫書趕稿，而時常累到半夜一個人躲在棉被裡哭泣。

「**除了在一旁心疼，我應該還可以有更具體的行動吧？**」當時的我開始思考這件事，該怎麼做才能幫我心愛的太太分擔一些壓力……

於是，縱使宅老北極力反對我放棄原本那麼好的一份工作、即使我還記得自己曾說過要一輩子做廣告、當個出色的廣告人，甚至設下要在40歲之前當上創意總監的目標！

但是，**我還是義無反顧的決定辭掉工作，選擇當一個能夠全心全意輔助、並且成就花猴夢想的最大後盾和支柱！**

我難道一點都不覺得可惜嗎?!更何況離職後還是不斷有人打電話來，一直問我願不願意到他們公司去當創意總監！換成是你，你會不覺得後悔和可惜嗎？

但是對我而言，**再好的工作也比不上一個圓滿的家庭！再優渥的職位和薪水，也取代不了一段幸福的婚姻！**不是有人說過：「事業再成功，也彌補不了家庭的失敗。」嗎？

何況，我始終都相信，**只要願意努力，到哪兒都能實現你的夢想，不是非得在某個職位上！**

就像後來我曾經開玩笑跟人家說：「雖然我沒有在40歲之前坐上創意總監的位子，不過好歹有人來問過我了嘛！某種程度上，這個目標也算是達成了吧？哈哈！」

我常在想，相較於我們的上一輩，現在的女生在職場上，的確擁有更多更好的機會與發展的空間。而這樣的轉變，對於我們經常掛在嘴邊提倡的「兩性平權」觀念來說，理應是件值得我們欣慰，同時也該給予祝福和支持的好事，不是嗎？

其實無論是傳統的男主外，女主內，或是男主內，女主外，我想真正重要的，應該還是兩個人是否都能認知並找到那個最適合自己的位置？同時更努力並稱職的扮演好各自在婚姻裡的角色。

我相信只要彼此雙方都能擁有「**結婚就是一輩子的事**」的共識，並且確信也認同這個信念是必須花上一輩子的時間去印證的，那麼即使哪天真的面臨了重大的難關與考驗，你們各自的角色與信念一定能伴著彼此，一起攜手跨越那一道道的關卡，朝著你們想要的幸福邁進。

47 戀愛，可不可以沒有期限？

前幾天，有朋友這麼對我說：「你跟花猴感覺一點都不像已經結婚六年多的夫妻耶！看你們的生活模式，總覺得你們好像還在談戀愛。」

坦白說，打從我們結婚以來，就不時會聽到有人這麼跟我說。但你們知道嗎？其實每次當我聽見別人這麼說時，我的心裡都會冒出一句OS：「**所以意思是～結了婚，就不能再談戀愛了嗎？**」

還是說其實大多數人的觀念都像老一輩人常說的那樣：「婚姻，是愛情的墳墓。」但是這句話的邏輯大家真的不覺得超怪的嗎?!婚姻如果真的是墳墓，那麼結婚又怎麼會是件「**囍事**」呢？穿上白紗、拍婚紗照，又為什麼會是女生們最期待的幸福時刻呢?!我們前去參加婚禮時，又為什麼要說「**恭喜恭喜**」，而不是「**節哀順變**」呢？？

所以說結婚，不僅僅是件人生大事，更應該是件好事才對吧！那個「婚姻是墳墓」的論調，才是真正應該被整個打包、丟進墳墓裡去埋起來的過時說法吧?!

所以與其聽信這種消極的觀點，我其實比較認同另一個積極的態度：讓兩人之間，隨時都維持在熱戀的狀態。

至於到底要怎麼盡可能地維持住戀愛的模樣？在這邊我僅提供一個懶人口訣給大家參考參考，請跟著阿宅我這樣唸：**「記住、提醒、不要變！不要變不要變不要變!!」**是的沒錯，就是這麼簡單。

而**「記住」**是什麼呢？簡單來說，就是麻煩大家在你的腦中劃出一個小小的區域，並開好一個檔案夾，然後把所有從追求到交往的過程中，曾做過的種種努力與討好的舉動，通通給它存檔、好好保存並牢牢記住！

再來說到**「提醒」**呢，則是希望大家能三不五時就回去打開這個檔案夾並瀏覽、回顧一下，自己從前究竟是怎麼對待對方的？同時更要交叉比對自己現在對待對方的方式，是否有所改變或有所疏忽呢？

接著最重要的便是，要隨時**「提醒」**自己，千千萬萬**「不要變」**哪～！

我相信在愛情的關係裡，對於被對方對待的方式，**雙方唯一能接受的改變就是越變越好**、**不斷進步**。所以即使沒有更進步，那至少也得做到別退步吧！畢竟，應該沒有人希望擁有一個越變越差、且不斷退步的另一半吧！

就好比說，大家多少應該都聽過身邊的女性或男性友人，曾這樣抱怨過自己的另一半：

「追到前，三天一小禮、五天一大禮，不是上山、就是下海，全台跑透透；追到後，三天一小吵、五天一大吵，不是上網、就是電動，全天宅在家！」

「交往前，溫柔體貼又懂事、聰明伶俐又可愛，從不上廁所，活像個仙女；交往後，無理取鬧又任性、懶惰邋遢又可惡，尿尿不關門，根本就是腐女！」

所以你們知道嗎？打從以前還在追求花猴的時候啊，阿宅就打死都不幹那種「**一次性的驚喜浪漫勾當**」。就拿送花這件事來說好了，如果剛開始交往的第一個情人節，便大手筆的獻上一〇一朵玫瑰，然後到了第二年……十一朵、第三年……一朵、第四年……沒半朵！像這樣年年遞減、年年退步，大家難道不會覺得這種感覺真的很差嗎？

所以從以前到現在，我都寧可實際點控制在自己的能力範圍內，然後細水長流的去做到長長久久。

反正就先維持住一個基本的水準，這樣才能讓自己不會越做越退步，然後等到收入多了、能力夠了，再慢慢往上加，即使只是那麼一點點的進步，我相信對方也會因為感受到你的心意而感動、開心，不是嗎？

另外，我相信大家一定也曾聽過這樣狗屁不通的劈腿、外遇藉口吧：「我和她之間，早就已經沒有戀愛的感覺了！而且相處的模式就像是家人、親人一樣，所以我才會……」

OK！很好！這藉口相當的好!!那麼我有兩個問題，想好好請教這麼說的那些朋友們：

第一、你們口中的所謂「家人、親人」，到底是怎麼樣的人呢？至少在我的觀念裡，即便是「家人、親人」，應該也分成感情很好、像無話不談的好朋友一樣的；或是相敬如冰、天天見面但卻講不到兩句話的，甚至是水火不容、一旦碰面就絕對會大吵一架的！所以在你們的定義中，「家人、親人」究竟是一種什麼樣的關係呢？

第二、當你們抱怨對方無法激起你愛的火花的同時，你又做過什麼樣的努力呢?!

你們知道嗎，其實人跟人之間，無論是情緒或態度，都是會互相影響並往上堆疊的！你先開始對她感到厭煩，然後她漸漸感受到你的厭煩，於是她也開始對你厭煩，而你又感受到她的厭煩……如此惡性循環！當這些負面情緒一而再的堆疊上去時，你覺得你們之間的相處還有可能是和諧、美滿又快樂的嗎？說真的，其實這樣的結果，並不是單方面的責任，**而是你們一起互動出來的！**

愛情，是需要互相體諒、互相包容、互相學習，並且一同努力的。無論是因為交往久了，所以感情就自然而然淡掉了！還是因為結了婚了，所以愛情就被埋進墳墓裡了！基本上這些說詞，其實都只是偷懶跟逃避責任的藉口而已吧?!

誰說交往的日子越久，戀愛的熱度就一定會越冷呢？又是誰說一旦踏入婚姻裡，就非得放棄約會搞浪漫的權利呢？

只要你願意「**記住、提醒、不要變！**」勤勞一點，且不忘初衷的去經營，戀愛其實真的可以沒有期限的。

在愛情的關係裡，無論結果是幸福或者不幸，這一切的一切，都是你們共同創造出來的結果。

48

黑咖啡與白豆漿。

有時候想想，我跟我家花猴還真的是從裡到外都相當迥異的兩個人呢！

我黑的、她白的；我胖嘟嘟、她瘦巴巴；我阿宅、她仙女；我男的、她女的。（揍！）

姑且先不說這些理所當然是廢話的外觀上的差異好了，即使在一些生活習慣上，我跟這隻小猴子也同樣有著天差地遠的差異。

就比方說我老愛宅在家，她卻總愛往外跑；我睡得很少，她卻可以一口氣睡上18個小時！

我習慣什麼東西都要擺得井然有序，她則喜歡把東西拿到哪就丟到哪，毫無半點秩序可言。

說到這，我不免就想起當初我們剛結婚時的點點滴滴了。

不適應！

那時候我真的超不能適應這樣的生活啦！誰能想像得到，這個外表看起來漂漂亮亮又白白淨淨的女生，生活習慣竟然是如此這般的莫名其妙嚇人呢?!

雖然說阿宅我呀，在個人生活習慣方面，可是出了名的善解人意又貼心無比的好啊！

就像是上廁所前，一定會記得把馬桶蓋掀開，然後上完後，也會乖乖的再把馬桶給蓋上。

然後為了要讓我們一家五口（**一男一女加三喵**），都能有乾淨整潔又清新的居家環境，我更會自動自發的定期將家裡給打掃得一乾二淨。

但是……但是咧！就算我把家裡弄得再乾淨也沒意義呀！你們知道嗎？我家這位幼稚的太太，根本就是專門負責來亂的「**破壞王**」嘛！舉凡什麼餅乾碎屑啊、吃了一半就不吃的零食啦、或是便當盒、飲料罐……之類的玩意兒，常常就是會莫名其妙的以她為中心點，然後逐漸的堆高並且往外無限擴散出去!!

再說到另外一個部分，則是連我也搞不清楚自己到底是怎麼養成這個習慣的？在我那簡單到一個不行的腦袋裡，總認為「萬物都有著它固定的位置」——指甲剪的家就在茶几右邊的抽屜裡；釘書機的家則是在書桌中央的大抽屜；喬巴要站在中間，然後魯夫跟娜美則分別要排好在他的左邊跟右邊（**此指我書桌上的公仔們**）。

但是相當不幸的，我家這隻小猴子根本就是一整個走自然不規則路線的大師呀～！

「我太太！指甲剪……指甲剪為什麼會跑到廁所去啊？」

「膠帶?!膠帶……為什麼是在沙發底下咧？」

「冰箱裡頭……有手機耶?!我知道了！妳一定是怕手機會壞掉對吧？太聰明了！我太太妳真是太聰明了！沒錯，東西只要擺在冰箱裡就不會壞掉哦……（**汗**）。」

好啦，我承認剛結婚時，我確實時常會處於一種「**幼稚園老師**」的角色扮演情境中。不過隨著相處的日子久了之後呢，想想與其老是唸這唸那的而搞得兩個人都不開心，倒不如默默的認了吧！

當小朋友（？）又開始在流理台玩起「蓋水壩」的遊戲時，我就默默的把碗盤杯子給洗了吧！當家裡的搖控器跟文具們又淘氣的玩起「躲貓貓」時，那我就默默的把它們帶回家就是啦！反正，認真想想其實這些好像也沒什麼大不了的，磨合嘛！人跟人之間都是需要磨合的嘛！習慣了就好了啦，是吧？是吧？？

不過除此之外，在個性方面，我們兩個在某些點上，好像也存在著很極端的差異呢！像花猴天性就是樂觀得近乎傻氣；而我則是有點謹慎得近乎悲觀。

再者，我性子急，很容易緊張，而她卻老是慢吞吞的、一副天塌下來也能照睡不誤的悠哉樣！

事實上，這樣的個性確實也經常反映在我們的日常生活中，而最典型的例子就是呢，我是個「**鬧鐘**」！

是的，在我們家，我最大、也最重要的功能，好像就是當一個既稱職又準時的「**鬧鐘**」！但是如果哪天我故障忘了響怎麼辦呢？沒什麼！頂多就像我們之前要出發去澎湖的當天早上一樣囉。

「我太太！完蛋了！已經快9點了耶!!9：50的飛機，怎麼辦？這樣來得及嗎?!」

「鬧鐘！鬧鐘怎麼沒有響啦?!你這個『**鬧鐘**』怎麼可以睡過頭啊？～厚！」

然後，結果就在我們兩個一陣手忙腳亂，兼等我太太捲完頭髮再出門抵達機場櫃檯時，已經是9：40的事了。

「先生，不好意思哦！機門已經關了，你們沒辦法check in囉。」

「那……那怎麼辦？我們是去出差的，一定得飛呀！怎麼辦怎麼辦……?!」

「沒辦法！你們只能搭下一班12：50的飛機囉！」

「好啦，我老公你別緊張啦！還可以坐下一班，這樣就ＯＫ啦！」

「咦？先生，飛機臨時delay了，所以你們又可以check in囉！要趕一下嗎你們？」

「好啊好啊！我們趕我們趕，小姐謝謝妳，真是太謝謝妳了！」

「是不是～就跟你說了嘛我老公！慌什麼？老天爺自然會保庇我們的啦～哈哈哈！XD」

這……我還能說什麼呢？人家總說「傻人有傻福」，有時候想想，如果是用來印證在我跟小猴子的身上，似乎還真的是頗有道理的！

還記得從前年輕時，老覺得兩個人在一起，要不就是得相似到彷彿像是一對雙胞胎，沒就該是totally的互補。不過經過這些年跟花猴相處下來，我發現事情好像其實也沒那麼絕對！就像我們兩個一樣都很愛吃生魚片、一樣吃炒飯都一定會把紅蘿蔔丁給挑出來。但是我一天至少得喝三杯咖啡，她則是天生一副半滴咖啡都碰不得的體質。然後她每天起床一定要喝上兩大杯豆漿，而我總覺得豆漿喝起來就是有股難以下嚥的怪味。

然而隨著日子一天天的過去，現在當我在煮咖啡時，她也會在一旁聞著飄散在空氣中的咖啡香並直呼：「咖啡聞起來怎麼會那麼香啊？」

而當我每次用豆漿機幫她煮豆漿時，一邊看著那濃稠的液體、一邊聞著那股豆味，久而久之我也發現，豆漿其實好像也蠻香的呢！而且聽說啊，現在很多人還會用豆漿取代鮮奶，把它給加入咖啡中去調味，感覺下次我應該也可以來試試看，搞不好這樣的新口味，還會讓我喝一次就上癮呢！

其實夫妻的相處不就是這樣嘛？無論是協調或不協調，只要用心去調味，自然就會找到那個讓兩個人都能樂在其中的幸福滋味了，不是嗎？

49 愛情，理應是你最安心的所在。

我發現，關於愛情的很多道理，我好像都是跟我太太在一起之後，才慢慢想通的。「**愛情，理應是你最安心的所在。**」這個道理，也不例外。

曾經，我也跟許多年輕男女一樣，將愛情視為是一場男女間的角力戰。「女人哪，就是不能對她們太好！寵過頭，她們就會爬到你頭上撒野啦！」

「不能讓男人對妳太放心啊！要不然被他吃定了，妳在他眼中就一點價值都沒有啦！」類似這樣的想法與說法，直到這幾年，我還是時常聽見身邊有人深信不疑。

說真的，現在每次聽見這樣的論調時，我總是會想：「是不是該拿出我自身的經歷，來跟他們好好分享一些心得感想呢？」

但每每又覺得自己當初不也是這樣一路走過來的嗎？就像我常說的老話一句：「人哪，別忘了自己是怎麼長大的！」或許這些跌跌撞撞的摸索過程，本來就是每個人用來豐富自己人生的必需養分，不是嗎？

前陣子，一位朋友說：

「阿宅我問你哦，你覺得我是不是應該先ㄍㄧㄣ住，別主動打電話給她，吊吊她胃口比較好？」

「呃，這個……我沒有辦法幫你做決定耶，我只能說如果打了，你會比較開心，那你就打啊！」

「可是如果我打了，她卻覺得我很煩怎麼辦啊？」

「這……如果你擔心的話，那麼或許你就該想想要怎麼做她才會開心囉！」

「那你可不可以教我一些小撇步跟小技巧，來逗她開心啊？」

「呃……這個，我沒有耶！我頂多只能給你一些觀念或態度上的建議，至於該怎麼做，還是得由你自己去想跟努力哦！」

是啊！愛情這檔事，當真有什麼小撇步、小技巧，或是公式可以套用嗎？就像年輕的時候，我也曾經像前面那位朋友那樣幼稚過，反正沒事絕對不主動打電話給女生，而且頻率還要以三天一次為上限，適時的吊吊胃口，這樣她才會更在乎你。

而且三天兩頭就要讓她找不到人、三不五時就要讓她覺得你很忙，約會頻率以一周一次為上限，**讓她越不安，她才會越珍惜你**。

再來，偶爾還要故意在她面前和別的女生搞搞小曖昧、讓她吃吃醋，**讓她越緊張，她才越會死心蹋地的跟著你！**

即使心裡實在是很在意她，表面上也要裝作一副毫不在乎的樣子，因為這樣，你才可以把她給吃得死死的！否則一旦被她給吃定了，那不就只能認輸了嗎?!

但是，以上的做法跟態度，大家有看出問題出在哪嗎？如果沒有的話，那麼或許我的想法可以給大家當做一個參考：

第一、愛情，哪有什麼輸贏好計較的呢？誰輸、誰贏，究竟要如何去判定？又真有那麼重要嗎?!兩個人在一起，不就是要一起快樂、一起幸福的嗎？如果一方是快樂的，而另一方是不開心的；一方是好處佔盡的，但另一方卻是辛酸滿腹的，這樣的關係，還能稱作是「愛情」嗎？說是「算計」還差不多吧？

第二、以上的所謂「小撇步」與「小技巧」，不知道大家有沒有發現，它們基本上都是建立在「**如何可以讓對方更加感到不安**」之上的！藉由讓對方感到不安，來突顯自己的重要性！對方越是不安，就越能證明自己是愛情裡強勢的那一方！但回過頭來想想，這樣的你，真的是愛著對方的嗎？

經過了許多年之後，我才逐漸懂了這個道理：「如果你真的愛她，你不會捨得讓她有絲毫的不安。」

和花猴交往甚至步入婚姻之後，我才慢慢體會到，原來在愛情裡，本來就不存在著絕對的誰強誰弱、誰大誰小、誰輸誰贏的概念。

今天，我多疼妳一分，明天，妳多讓我一些；有些事情，妳會強勢一點，某些決定，我會固執一些。而關鍵就在於，我們心裡都明白雙方都是為了讓我們在一起的生活能夠變得更愉快。因為這樣對我們來說，才是真正的「贏了」，不是嗎？

有時候我會想，縱使每個人都在尋尋覓覓那個屬於自己的真愛，但每個人在愛情裡，真正最想得到的究竟是什麼呢？是後半輩子能夠衣食無虞的財富？是藉由豪宅名車跟美酒佳餚，所堆砌起來的豪奢生活？是一個年過五十，卻還能像劉德華般帥俊的對象？還是到了謎般的年紀，仍能被稱作小龍女的伴侶？

對於我來說，**我只希望我的愛情，可以是全世界讓我感到最安心的所在！**這樣就夠了。在這裡，我可以卸下所有的武裝和心防，不必去算計、也不需要去猜疑、更不用擔心被背叛，可以完全放心的去相信！這樣的愛情，才是我認為真正值得一生去廝守的愛情。

或許那些會讓你感到不安的愛情，其實是因為他愛自己遠比愛你還要多！正如就因為妳愛她，所以妳不會捨得讓他不安一樣。「愛情，理應是你最安心的所在。」如果你真的愛她，就請拿出你的誠意來，別讓她感到有一絲一毫的不安；如果妳真的愛他，就請設身處地的為他著想，試著體諒並努力讓你們的關係，成為全世界最安心的那個所在吧！

Chapter V

待續，我們的故事。

50 謝謝妳的三心二意，謝謝妳讓我這樣疼妳。

我想，或許是因為平時我都是用自己的角度，在部落格上寫一些關於自己是如何對待和怎麼疼愛花猴的文章，所以後來總算有看不下去（誤）的網友留言給我說：「總看你寫怎麼疼花猴，可不可以也說說花猴對你到底有多好啊？」

那有什麼問題！這當然ＯＫ的嘛！是不是～其實花猴也是很疼阿宅我的啊！就好比說，

呃……ㄟ……

咦？怎麼突然好像覺得……好像不是很想得起來耶……

好吧，這幾個應該算吧？像是花猴久久會幫阿宅洗一次衣服。**（久久……？那是多久？是一個月、半年，還是一年那麼久啊?!）**。還有花猴偶爾也會拿吸塵器去吸地板啊！**（偶爾？那是多常啊？應該是她不小心打翻東西的時候吧！）**而且，花猴多少也會買衣服給阿宅的啊！**（多少……？那是多還少？那應該是因為她敗家敗到心虛的時候吧！）**這……花猴對我很好！花猴真的對我很好啊！花猴真的真的對阿宅很好的啦!!

好啦，話說回來了，身為一枚鐵錚錚的漢子，我們本來生來就應該要照顧跟疼愛女生的嘛！那些行為上和物質上的照料與付出，幹嘛還要這麼小心眼的去計較和要求女生一定也要有多少回報呢？是不是！我們男子漢真正care的就只是「心意」呀！

所以重點不在於她有沒有為我做什麼，重要的只是她到底有沒有真心跟誠意嘛！好！那麼在花猴的身上，我究竟又看見了什麼樣的真心跟誠意呢？簡單用一句話來歸納，花猴對阿宅一直都是「**三心＋二意**」！

我知道大家一定會說，這「**三心二意**」聽起來好像不是什麼好話吧？不過先別急，反正慢慢看下去你們一定就會懂的啦！

第一顆心，就是花猴對阿宅，永遠有顆無條件支持的心。

小至買雙鞋或買件衣服，大到換車、換房、換工作，花猴幾乎每次總是對我這麼說：「你喜歡就買啊！反正你平常也很少花錢，買貴一點的沒差啦！」或是：「你想做就做吧！反正你那麼聰明，我相信你的決定一定不會錯的啦！」

沒錯！從交往到婚後，我好像不曾從花猴口中聽到過反對或潑冷水的意見。她總是這樣相信並支持我的決定，同時也鼓勵我去做我想做的，或任何會讓我感到開心的事。

當我向她抱怨公司裡的某位主管時，她會和我一鼻孔出氣；當我說真的好想離職時，她會說要先養我半年；當前一分鐘，她還因為價格太貴而忍痛放棄了一雙高跟鞋時，後一分鐘，她卻鼓勵我買下一雙價格比那雙高跟鞋貴上兩倍的帆船鞋。

當你的身邊，有這樣一顆願意支持你的心，這個世界上，還有什麼能讓你感到害怕的呢？

第二顆心，就是花猴對阿宅，擁有一顆最懂得感恩的心。

一直以來，阿宅都是個不懂得多說什麼的人，往往總是默默做著自己認為應該做的事，雖然常有人告訴我，這樣的個性其實是很吃虧的，但我卻很幸運的遇見了花猴。

她總是會透過很多小舉動，來讓我知道我為她所做的一切，她不僅都看見，而且也都銘記在心。

有時候可能只是一個燦爛的笑容、加上一句甜甜的感謝；或是向親朋好友甚至臉書上的網友放個閃光、歐露我幾句；也可能是一份驚喜的小禮物或是一頓美味的大餐……反正，她總是能適時的讓我感受到，她真的很感謝也很感動我所為她做的這一切。

當你的身邊，有這樣一顆珍惜且懂你的心，這個世界上，還有什麼能讓你感到寂寞的呢？

第三顆心，就是花猴對阿宅，擁有一顆不吝付出的窩心。

打從我們剛開始交往的時候，我就發現了一件事：跟很多之前遇過的女生相較，我家這隻小猴子真的真的很不一樣！

她似乎從來不覺得男生應該為她做什麼，或女生就該如何被對待。

你們知道嗎？其實從以前到現在，我為花猴做的所有事，幾乎從來沒有一件是她主動開口要求的！

相反的，她還時常會找一些莫名其妙的藉口和機會，主動要求要請我吃大餐、看電影或送禮物，甚至還曾誇下海口（誤）說她要努力存錢，有朝一日一定要實現一同去環遊世界的夢想。

當你的身邊，有這樣一顆願意付出所有的心，這個世界上，還有什麼好讓你感到不公平的呢？

而所謂的「二意」呢，指的則是花猴的「笑意」與「她願意」。

一直以來，花猴的笑容對我來說就是一個相當神奇的存在！當我心情不好時，她的微笑，總能提醒我要笑著去面對人生；當我遭遇到挫折時，她的笑容，也能讓我找到去面對挑戰的勇氣。

她讓我相信，只要我們一起笑著面對每一天，我們的未來，就能擁有更多更多幸福的可能。

即便已經結婚六年多了，時常我在半夜突然醒來，看著正躺在我身邊熟睡著，但臉上卻仍帶著一抹傻傻微笑的花猴時，我的心裡還是會浮現一股像是在做夢般的幸福感！那是一種就算明天真是世界末日，我也沒有任何遺憾的感覺。原來幸福，能讓人感到人生是如此的充足與圓滿。

花猴，謝謝妳。因為妳的願意，讓我們擁有了那麼美好的生活；也因為妳的願意，才讓我學會了怎麼去疼一個女人；更因為懂得疼妳，讓我成為一個越來越好的男人。

謝謝妳的願意。

謝謝妳，讓我這樣疼妳。

51 花猴看阿宅和他們的婚姻。

不知不覺，我和這個愛碎碎唸、像個大嬸般的男人結婚已經六年了！以前的我從來沒想過，我可以和一個人在一起那麼久，並且百分百的信任一個男人。

故事或許要從我小時候開始說起……

因為從小父母就分開，而我則是由母親獨自帶大的緣故，對於男人，我總是有那麼點的不信任感。而且加上我母親也總是耳提面命的說：「**對於男人要保留幾分。**」、「**不要聽男人說的，要看男人做的！**」於是我對愛情幾乎很少百分百的付出，更別提是完全去信任另一半了。

還記得以前曾經有一任男友這麼對我說過：「妳不相信別人會真心愛妳，那是因為妳從不真心愛別人！」這句話雖然很不中聽，卻一語道破，讓我成了愛情裡的加害者。

回想過去的幾段戀情，我不是不敢付出，就是默默的在心裡保留幾分。

我總覺得在愛情這方面，我算是很幸運的，雖然不是遇見的每個男人都很完美，但至少他們都有努力試過去讓我多愛他們、多信任他們一些。只不過最後總會發生一些事情又讓我退縮了，所以後來我發現，其實我是個徹底的膽小鬼。

不過也許對女生而言，在愛情裡膽小不見得是件壞事，至少這讓我更容易看清楚一個男人的優缺點。就像我和阿宅雖然相識好幾年，但兩人卻一直只是朋友關係，直到我結束上一段戀情，才開始正式交往，也因為這樣慢慢的觀察，才讓我發現他和我以往認識的男人真的不太一樣。

交往的時候，我家住台北縣，但公司在台北市，而他這個住在台北市的人卻每天從家裡開車到台北縣接我去台北市上班，這其實是完全的不順路吧！

我愛吃芭樂，他就每天切好芭樂，一早帶來給我吃。

他來接我的時候，我遲到睡過頭讓他等了半小時、40分鐘的，問他：「等那麼久你會生氣嗎？」只見他開心的拿著手上的手機晃了晃說：「不會呀，我打電動！」

我以為，也許只是在追求的前幾個月他是如此，男生嘛！追女生的時候，哪個不是百般巴結、好裡好氣的？但時間慢慢過去了，三個月、半年、一年、二年……他從來沒有變過。

我問他：「你怎麼可以這樣始終如一啊？」

他說：「**因為我討厭女生在一起前跟在一起後是兩個樣子，所以我不會這樣對妳！**」

他也許不浪漫、不會給我驚喜、不富有，也不會花言巧語，就連求婚這檔大事都搞得尷尬得要死。但我卻知道，這個始終如一的男人，其實就是我這輩子所追求的，那種很簡單卻又能給我滿滿「安全感」的男人。

遇到他之後，我才真正清楚自己在一段感情裡要的是什麼！這或許就是遇對了人之後才會

有的感覺吧？當妳遇上了，妳就是會知道。

如果要問我，結婚到現在六年了，阿宅有沒有什麼不一樣的地方？我會說，他是變了，變的更顧家、變的更像個男人而不是男孩了！

如果再問我，這個世界上我最信任的人是誰？那麼我會說，除了我老母，就是阿宅了！有這麼一個可以讓我這樣深信不疑的另一半在身邊，這感覺真的很好！他讓我能夠放心的去做很多事，也可以讓我沒有後顧之憂，讓我任性的做自己，更讓我覺得身為一個女人，真的很幸福。

謝謝你阿宅！謝謝你讓我遇到你！

也謝謝你讓我知道，原來我不是像別人說的「**從不真心愛別人**」，只是那時，我還沒遇到你罷了。

52

妳不笨，妳是最幸福的蘇花猴。（續篇）

記得二年多前，我就曾經用這個標題替我太太的第一本書寫過一篇序，而二年後的今天，就像前後呼應似的，我又用同樣這個標題的續篇，寫下我人生中第一本書的最後一篇文章。

不知道是因為從很小的時候開始，我就時常幻想如果自己能有讀心術就好了？還是因為後來從事了廣告業，必需經常去觀察形形色色的人，並從生活中去尋找靈感的關係？反正總之就是我真的很喜歡觀察人，同時也很習慣去思考為什麼我、你或者他，會有這樣或那樣的行為、態度跟想法？

原本我以為自己已經算是一個相當特殊又矛盾的人了，有時幼稚，有時又滿穩重；看似樂觀，偶爾又頗悲觀。但直到遇見這隻後來成為我太太的小猴子後，我才發現還真的是一山還有一山高呢！

外表看上去像枚仙女的她，卻有著極不相襯的自卑感！總是一副笑瞇瞇、與世無爭又似乎相當樂觀的她，骨子裡卻極度的欠缺自信與安全感！尤其是對於愛情。

剛認識時，我真的很無法相信這個理應是集萬千寵愛於一身的仙女，竟會對愛情有著這麼多的不相信與沒自信。

雖然我常笑她老是傻呼呼的，而她也總是說覺得自己其實很笨。但說真的，**相信我！妳真的一點都不笨！我太太。**

如果妳真的很笨的話，又怎麼能將我這個就算稱不上是浪子，但至少也曾經是個以夜店為家的玩咖，馴服成為妳專屬的阿宅呢？如果妳真的很笨的話，又如何能將部落格經營得如此有聲有色，甚至還出書當起了作家來呢？

妳知道嗎？其實妳不但不笨，還很有才華，而且更擁有一種能夠將快樂，藉由你的笑容渲染給身旁眾人的力量，只是妳一直都沒發覺罷了。

還記得前陣子，曾經跟我的編輯聊起關於花猴出書的計劃：「上次說的那本書，你家花猴到底有沒有興趣出啊？」

「我有跟她說過啦！可是她就老說自己文筆不好，不是出書的料嘛！」

「不會吧？我覺得她寫得很好啊！」

「我也覺得啊！可是她就是不信嘛～」

「其實她的文筆很有自己的風格跟特色，而且最重要的是她的觀點很能讓人產生共鳴耶。」

「對啊！你說的沒錯，就是這樣！嗯……所以我覺得她只是單純的懶，找理由在逃避而已啦！XD」

所以我太太，這樣妳懂了嗎？真的不是我在哄妳而已，而是妳真的就是這麼棒。

是妳讓我知道，原來自己還擁有這麼多的潛能與可能；是妳讓我明白，原來真正愛上一個人，也能讓自己變成一個越來越好的人，同時妳還讓我學會了，如何成為一個懂得愛人，也值得被愛的人。

妳真的不笨，妳是最幸福的蘇花猴。因為妳懂得用笑容，吸引更多的幸福與笑容圍繞到妳身邊。

雖然妳的確老是少根筋，神經很大條又常常莫名的傻笑，但妳卻能讓我在不知不覺中，為了成為一個能夠匹配得上妳的男人，而更努力的去進化成一隻萬能的哆啦A宅。

所以說，妳到底哪裡笨了啊?!即使表面上看來，好像都是我在照料妳的日常起居跟生活所需，但事實上，如果不是妳的支持跟壓迫（誤）……激勵的話，我又如何能成為今天這樣的阿宅呢？

謝謝妳，我太太！謝謝妳讓我擁有一個如此沒有遺憾的人生，也謝謝妳讓我看見自己更多的可能性。

妳真的不笨，為了妳那讓我連世界末日都不怕的笑容，我一定會讓妳一直當個最幸福的蘇花猴！

趨勢文化
出版有限公司

Love Feast 01

男人愛扣分，女人愛加分？

—— 戀愛，是場至死方休的RPG！

作　　者—阿宅（徐哈克）
友情跨刀—蘇花猴

發 行 人—馮淑婉
主　　編—熊愛玲
編輯協力—Selena、李佳玲、阿奇、熊愛玲
行銷企劃—縱橫公關
出版發行—趨勢文化出版有限公司
新北市板橋區漢生東路272之2號28樓
電話◎2962-1010
傳真◎2962-1009

封面插畫、設計—手塚喬伊斯
內頁設計—江宜蔚、唯翔工作室
校　　對—五餅二魚工作室
印　　務—周木助

初版一刷日期—2012年10月1日
法律顧問—永然聯合法律事務所

讀者服務電話◎2962-1010＃66
ISBN◎978-986-85711-3-6
Printed in Taiwan
本書定價◎280元

國家圖書館出版品預行編目資料

男人愛扣分，女人愛加分？！：戀愛，是場至死方休的RPG／阿宅（徐哈克）著. -- 初版. -- 新北市：趨勢文化出版，2012.09
面；　公分. --（Love feast；1）
ISBN 978-986-85711-3-6（平裝）

1. 戀愛　2. 通俗作品

544.37　　101017525

奈大嬸變XS小姐

體內年齡23歲！

貴婦奈奈 著

38歲 代謝比20歲好！

大食女49天
甩肉排毒 奇蹟變身
全搞定

Sorry,

我不是故意嚇你們！這是2年前的我。

從小到大，我一直以為自己是個瘦子，只是看起來肉肉的而已！

20多年來，我都這樣被鼓勵著 ......

奈爸奈媽：「盡量吃！多吃一點。像我們小端這樣的體格最標準。」

黃博總愛在深夜約我吃宵夜：「我最喜歡看妳吃東西了，吃得嘴巴鼓鼓的，好可愛。」

專櫃小姐：「這衣服只有妳撐得起來，有一點肉才好看。」

我：「但我感覺一蹲下就會撐破耶，不只是撐起來。」

專櫃小姐：「咦？有點緊是嗎？哎呀，這不是妳的問題，是衣服版子做太小了。」

我真的不胖！只是不知道為什麼很多衣服只穿得下L號？!